首相洪森

——柬埔寨政治与权力40年

〔柬〕蔡速卜　著
武传兵　译

当代世界出版社

图书在版编目（CIP）数据

首相洪森：柬埔寨政治与权力40年／（柬）蔡速卜著；武传兵译. —北京：当代世界出版社，2013. 10

ISBN 978-7-5090-0936-9

Ⅰ. ①首… Ⅱ. ①蔡… ②武… Ⅲ. ①洪森—人物研究②柬埔寨—研究 Ⅳ. ①K833. 357 =6②D733. 50

中国版本图书馆CIP数据核字（2013）第208706号

著作权登记图字：01-2012-9185

书　　名：首相洪森——柬埔寨政治与权力40年
出版发行：当代世界出版社
地　　址：北京市复兴路4号（100860）
网　　址：http://www. worldpress. org. cn
编务电话：（010）83907332
发行电话：（010）83908409
（010）83908455
（010）83908377
（010）83908423（邮购）
（010）83908410（传真）
经　　销：新华书店
印　　刷：北京天正元印务有限公司
开　　本：700×1000毫米　1/16
印　　张：15. 5
字　　数：180千字
版　　次：2013年10月第1版
印　　次：2013年10月第1次印刷
书　　号：ISBN 978-7-5090-0936-9
定　　价：36. 00元

如发现印装质量问题，请与承印厂联系调换。

中文版序

值此《首相洪森——柬埔寨政治与权力40年》中文版出版之际，我首先对此表示热烈祝贺，并向全体中国人民致以兄弟般的问候。本书全部内容真实呈现了柬埔寨历史的一个片段，以供高棉子孙和后人了解柬埔寨政局演变过程和发生在高棉社会的各个重大事件，为促进和平安宁、政治稳定以及社会和人类发展贡献智慧和经验。

《首相洪森——柬埔寨政治与权力40年》一书突出展现了70年代初以来柬埔寨政局演变过程和发生在柬埔寨的重大社会事件。柬埔寨过往的各种辛酸已经成为柬埔寨和世界各国的一个普遍教训。的确，道听途说无法诠释事件的所有内涵，阅读却能让读者深入全面地做到这一点，因为作者有足够的时间编写和整理，展现和阐释问题的根源，努力使所有读者清楚地了解事情的来龙去脉。此外，这部著作寓意丰富、生动形象、通俗易懂，能充分满足各民族各阶层读者的阅读喜好。

总的来说，在这部著作中，作者将我本人的人生经历与相继发生的各个重大事件结合起来，向读者呈现了我从青年时期至今永不停息的努力奋斗历程。其中，作者还突出展现了为解决国家政治、经济和社会发展等领域面临的重大问题而出台的许多重要举措。要解决那些问题，就要求我们必须在为祖国服务的崇高事业中尽心竭力，并全方位分析衡量。在此基础上，读者必将会对这40多年历史中我本人的人生经历和整个柬埔寨国家社会的发展进程有一个清楚的了解。由此，柬埔寨是如何实现当前的和平安宁、政治稳定、经济和社会发展的？柬埔寨将如何继续前行？读者可以作出评价。这些不仅是外国人想要了解的，就连高棉人民自己也渴望知道。

眼下，柬埔寨非常自豪地看到，这一记录本国历史的著作被翻译成外文，与所有希望了解柬埔寨的外国读者共同分享柬埔寨所拥有的一切。总的来说，柬埔寨确实拥有丰富的历史文化遗产，理应与全人类共享，增进世界对柬埔寨的了解，况且柬埔寨也没有什么要对世界尤其是有意了解柬埔寨的读者遮掩的地方，而且柬埔寨本身也正在努力向世界展示自己作为人类历史上一个曾经拥有悠久文明和灿烂文化的国家所拥有的一切。具体而言，高棉人民高度重视和无比钦佩自己祖先特别是吴哥王朝时期的先人带领自己国家实现了繁荣昌盛，真切希望将这一历史经验与世界上各个民族分享，达到互学互鉴的目的。同样，在过去的岁月里，柬埔寨也曾经尝尽了数十年内战带来的辛酸，在这一点上，柬埔寨也愿意向世界呈现自己所经历的每一个重大事件的来龙去脉，让各国全面了解，并作为经验教训供全人类借鉴。作为一名高棉子孙，我对过去发生在高棉领土上的战争感到无比痛心，也不愿看到其他国家重蹈柬埔寨的覆辙。

同时，我也要高兴地指出，当前柬埔寨面貌发生了许多积极变化，不仅在政治和安全方面，经济和社会领域也是如此。我们在没有外部指点和劝说的情况下自主提出的“双赢”政策，于

1998年底为柬埔寨国家和人民带来了完全意义上的和平安宁、国家统一和民族和解。过去的15年间，柬埔寨国家和人民一直喜悦地分享着和平安宁、政治稳定、经济快速增长带来的成果。

基于这一精神，柬埔寨人民对这一著作被翻译成中文供中国人民了解柬埔寨政局演变过程以增进相互了解感到由衷高兴并表示欢迎。柬埔寨赞赏中国人民对朋友和各国表现出的求知精神和学习精神，这种传统在中国社会已经传承数千年了。与此同时，柬埔寨高度评价中国政府关注柬埔寨政治发展状况的做法，从这个意义上来说，柬埔寨和中国不仅是好邻居，更是兄弟般的朋友和长期发展战略伙伴。

如上所述，我希望并坚信，作者在书中突出展现的我本人微不足道的工作方式和经验能对各国机构、单位和个人有所裨益，起到借鉴作用，达到相互理解、相互学习的目的，成为不断增进人类社会和谐的动力。特别是，我要感谢中共中央对外联络部二局副处长武传兵先生将此书由柬埔寨语翻译成了中文。

愿作者的努力通过这部著作化为让世界认识和了解柬埔寨，促进国家、地区和世界相互理解、团结友爱、和平安宁的无量功德和成功典范。愿这部著作为巩固柬中两国间的长期友好关系作出更大贡献。

柬埔寨王国首相
伟大的军事统帅亲王

洪森（签名）

2013年3月29日于首都金边

致作者蔡速卜先生

亲爱的先生：

你将《首相洪森——柬埔寨政治与权力 40 年》一书送给我收藏于家庭图书馆以备未来之用。首先，我对此感到高兴，并对你表示感谢。

我对你研究、撰写、编纂这本具有宝贵意义的书籍供后世子孙学习和了解的美好心愿表示高度赞赏。

再次，祝愿你永享佛教四福，即长寿、富贵、康宁、好德。

请接受我最深挚的敬意。

洪森（签名）

2012 年 1 月 24 日于金边

前 言

《首相洪森——柬埔寨政治与权力40年》概述了1970年至2012年初柬埔寨历史上各个时期，即高棉共和国时期（1970—1975年）、红色高棉的民主柬埔寨时期（1975—1979年）、柬埔寨人民共和国和柬埔寨国时期（1979—1991年）、联合国监督下的过渡时期（1991—1993年）和第二柬埔寨王国时期（1993—2012年）发生的政治、权力斗争及其他一些社会问题。

此外，本书旨在向读者展现洪森亲王及其他一些柬埔寨高层领导人过去40多年来的人生历程及政治和权力之路。本书无法完全涵盖40多年来柬埔寨历史上发生的一切，却能为不了解柬埔寨历史或对柬埔寨历史一知半解、对一些历史事件和政治斗争不甚明了的柬埔寨国民再现柬埔寨辛酸而又夹杂着些许喜悦的过去。

在经历了十多年资料收集后，我利用一年多业余时间完成了此书的撰写工作。国内国外都留下了我写作此书的身影，书中部分内容是在公共汽车、火车和飞机上完成的。本书资料来源于我1990年参加工作以来的所见所闻和亲身经历，包括对各种书面材料、音像材料、图片和网页资料的研究利用。特别是，本书还整理收录了其他记者对洪森亲王的采访记录以及我对洪森亲王电话专访的内容。

敬请读者朋友怀着轻松愉悦的心情阅读本书，祝各位工作顺利、好运常伴。谢谢。

作者　蔡速卜

2012年1月5日于金边

序

在柬埔寨历史上，自民盟时期的诺罗敦·西哈努克亲王以来的国家高层领导人大多出身贵族家庭，还有一些人通过腐败和非民主方式攫取了高位。而自20世纪70年代中期以来，人们看到，洪森这样一位从田间地头走出来的农民的儿子，从一个农民、一个寺庙儿童、一个普通士兵一步步树立起自己的声望，成长为国家高层领导人，并在柬埔寨政治和权力斗争中逐步站稳了脚跟。

1979年1月7日以来，除了留给当代人及后人的基础设施、经济和社会重建以及国家各领域发展的巨大成就外，国内外舆论公认洪森还为柬埔寨历史作出了三大贡献：第一，将几百万正在引颈待死的人们从红色高棉种族灭绝政权统治下解放出来。第二，彻底结束过去几代人制造的战争，实现国家完全统一。第三，将红色高棉种族灭绝政权高级领导人送上审判台，为历史和人类讨回了公道。

洪森的另一个特点是拥有与生俱来的才干。2005年8月31日，通过筹备《雅加达邮报》的晚宴，我遇到了印度尼西亚前外长阿拉塔斯，因为那次晚宴是在他位于雅加达的公寓中举办的。阿拉塔斯告诉我和其他一些在场的记者说，在20世纪80

年代末寻求和平的谈判过程中，尽管洪森是柬埔寨冲突各方中年龄最小的领导人，但他发现，洪森是“聪明且懂得变通”的人。阿拉塔斯断言：“这个人一定能够长期领导一个国家。”他表示，他曾经赞扬诺罗敦·西哈努克亲王是亚洲地区杰出领导人中的优秀分子，但洪森也不简单。尽管洪森比较年轻且政治经验比西哈努克、宋双和红色高棉领导人要少，但他能够毫不退缩地面对那些人，这一点证明洪森一定具有与生俱来的天赋，而这种与生俱来的天赋在人类社会是极其难得的。

曾经大肆批评洪森的泰国前外长甲西·披龙耶（2006 年至 2011 年 7 月底在任）回忆起洪森在 20 世纪 80 年代表现出来的才干时说：“洪森是个聪明人，也是个不错的人。”2011 年 9 月 19 日，在他位于曼谷的办公室里，当我问及“您如何看待 1989 年谈判时的洪森”这一问题时，他毫不犹豫地回答说洪森是个“聪明人”，表示尽管在 1989 年“洪森不像宋双、诺罗敦·拉那烈、宋叔伯那样拥有大学文凭，但却比那些人都聪明、厉害和敏锐。凭借这种天资，洪森注定是个具有高尚道德情操的杰出人物”。20 世纪 80 年代末，甲西·披龙耶是参加柬埔寨冲突各方谈判的泰国代表团团长。

2011 年 10 月 30 日，在王宫前举行的一场盛大的庆祝诺罗敦·西哈努克国父和莫尼列国母返国 20 周年群众集会上，诺罗敦·西哈努克国父说，洪森亲王领导的王国政府、谢辛亲王领导的参议院和韩桑林亲王领导的国会使柬埔寨实现了国家统一和完全和平。当着几万名群众的面，西哈努克国父强调，洪森亲王领导的王国政府带领柬埔寨摆脱了落后状态，洪森亲王本人也成为世界舞台上一位有影响力的领导人。西哈努克国父还说，团结一致是国家走上“和平之路、独立之路和全面建设之路”的强大动力。

1952 年 8 月 5 日，月圆之夜，原名洪本那的洪森在磅湛省斯登特朗县边国斯那村呱呱坠地，并在那里度过了自己的童年。在故乡上完小学后，洪本那于 1965 年离开生养自己的小村庄，于 1965 年至 1969 年在金边英迪利戴维中学求学，寄宿在火车站西面的涅加湾寺院里。寺院生活确实不容易，不仅仅是洪本那，其他生活在那座寺院里的孩子和青年人也都过得非常艰辛。尽管我没有在寺院生活过，但曾到几位 20 世纪 80 年代在乌那隆寺生活的同学那里去玩，他们无论在生活还是情感上都饱受煎熬，为了到城里求学，被迫远离乡下的父母兄弟。那个时代与僧侣共处的寺院生活非常不容易，有时如果贪睡、不扫垃圾、不挑水或者未及时送斋饭，就会遭到和尚们鞭笞、敲脑门等形式的惩罚。洪森经常公开提到这些问题。

1970 年 3 月 18 日，由于诺罗敦・西哈努克亲王被首相朗诺发动政变推翻，国家陷入战乱。青年洪本那于 1970 年 4 月 14 日加入了反对美国支持的、以朗诺为首的高棉共和国的民族解放运动。

因为打着诺罗敦・西哈努克亲王的旗帜，加之朗诺政权腐败盛行，红色高棉赢得了金边多数学生和知识分子的拥护和支持。1975 年 4 月 17 日，金边落入红色高棉手中。然而，在这场生死角逐的战争中，战士洪森（在红色高棉斗争运动时期，人们称之为洪森同志）的左眼在 4 月 16 日，也就是金边落入红色高棉手中的前一天受了重伤。经过数月治疗，那只眼睛仍然落下了残疾，至今仍未复明。

人们看到，作为一名一侧眼睛残疾的国家领导人，洪森在管控政治事务和权力斗争方面，展现出了无人能敌的才能。在多位顾问的辅佐下，洪森对自己政敌的政治手段、优势和弱点了如指掌，懂得巧妙地运用心理战和武装力量打败对手。作为一名独立的新闻工作者，我自1993年以来一直关注着洪森20世纪80年代中期与诺罗敦·西哈努克亲王谈判时在公共场合和电视上的表现和讲话。从洪森同志到洪森阁下再到洪森亲王，最后成为洪森统帅，他是一个喜欢刨根问底、坦率真诚、心直口快的人，有时候语言很犀利，但心很软，他能根据形势发展作出策略上的调整。他是一个讲究实际和善于根据形势变化进行变通的改革家，他认为这也是“双赢政策”的要义，而这项政策帮助他打败了政治、军事、经济领域的竞争者。最终，他的竞争对手和许多外国领导人都承认，他的确是柬埔寨历史上一位杰出的、颇具影响力的、掌握实权的领导人。此外，他还成为了“洒落在高棉农民稻田里的雨滴”，他的许多敌人在与他的较量中铩羽而归，被他折服，成为了他的朋友并为他工作。

洪森是一个感情丰富、兴趣爱好广泛的人。他喜欢艺术、著书、作词和写诗，喜欢中国的《三国演义》，喜欢下象棋、踢足球、打高尔夫球，喜欢喝妻子做的什锦汤。他为穷人和最需要帮助的人设立了专项基金，还为儿童、妇女、老人、残疾人、多胞胎家庭和学生改善生活、开展职业技术培训、从事农业、工业和手工业生产以及完成学业设立了其他社会基金。

除此之外，洪森受到人们广泛赞扬的另外一点是拥有幸福美满的家庭。他既是一位模范丈夫，也是一位优秀父亲。他教育孩子们走上正确的人生轨道，接受良好的教育，养成高尚的道德品质，用知识为国家社会发展事业作出应有的贡献。

洪森最近为祖国赢得的新胜利是成功阻止了泰国军队 2008 年中至 2011 年中武力侵占柬埔寨领土的企图。阿披实·维乍集瓦在任期间，泰国军队和政府官员企图得到位于柬埔寨奥多棉吉省的达格罗贝寺、达莫多吉寺、达莫安通寺以及柏威夏寺附近的部分柬埔寨领土，但他们的企图没有得逞。这是柬埔寨全国在战场上、在国际舞台上特别是在荷兰海牙国际法院取得的胜利。

洪森在政治斗争、国家管理以及子女教育方面取得的成功，离不开妻子所作的贡献。人们注意到，自 1976 年 1 月 5 日与洪森结婚以来，文拉妮夫人与丈夫子女患难与共，堪称一位相夫教子的贤妻良母。不管是在食不果腹的困难时期，还是成为国家第一夫人并获得“荣誉院士”称号的辉煌时期，同样出身农民家庭的文拉妮夫人始终保持着任劳任怨的妻子和母亲的形象，这一点得到了大家的普遍认可。今天的地位和荣誉来之不易，正是由于文拉妮全身心的努力奋斗和奉献牺牲，才成就了洪森一家今日的辉煌。这也印证了柬埔寨古代的那句谚语：“种苗质量好，稻田产量高；妻子若贤惠，丈夫易富贵。”

洪森（抬脚踢球者）在金边奥林匹克体育场与泰国国会议员和政府官员踢足球。（摄影：肯索万纳拉）

洪森带头戴安全帽骑摩托车，呼吁民众注意交通安全、防止交通事故。（图片来源：http：//hot - newskh. blogspot. com/2009/09/cambodias - prime - minister - hun - sen - visit. html）

1996年洪森在其位于达克茂南部的官邸下象棋。（摄影：恩迪·埃姆斯）

目　录

第一章　1970 年至 1975 年

美国轰炸柬埔寨

据英国牛津大学教授泰勒·欧文和美国耶鲁大学教授本·柯南共同撰写并发表在耶鲁大学网站主页上的一篇记述历史的文章显示，1965 年 10 月 4 日至 1973 年 8 月 15 日，美国共向柬埔寨境内 113716 处目标投掷了 230516 颗总重达 2756941 吨的炸弹。1973 年任美国国务卿的亨利·基辛格声称：“这不是对柬埔寨的轰炸，而是对藏匿在柬埔寨境内的北越分子的轰炸。”[①] 1971 年 1 月，美国空军对柬埔寨的多次误炸[②]，造成数千名平民伤亡。柬埔寨东部地区的橡胶园在轰炸中被焚毁，并被共产主义分子控制，数千公顷农田被放弃。[③]泰勒·欧文教授和本·柯南教授的文章表明，由于 3580 处被炸地点被标记为“陌生”目标，另有 8238 处被炸地点不在轰炸目标清单内，因此仅有百分之十几的炸弹没有按照严格规定投掷。

---

①②③（英）威廉·肖克罗斯（William Shawcross）：《插曲：基辛格、尼克松和柬埔寨的毁灭》（SIDESHOW：Kissinger，Nixon and the Destruction of Cambodia），芬兰维尔纳·苏莎出版公司（Werner Soderstrom Oy），1999 年版，第 28 页、第 215 页、第 220—221 页。

20世纪60年代中期越南战争时期，美国大肆轰炸越南领土，这场轰炸又几乎蔓延至柬埔寨全境，并一直持续到1973年。1965年5月1日，美国飞机首次在柴桢省与南越交界的鹦鹉嘴地区轰炸了柬埔寨的一些村庄；[①] 5月3日，诺罗敦·西哈努克亲王宣布断绝与美国的外交关系。按照泰勒·欧文教授和本·柯南教授文章里的说法，仅1965年一年间，林登·贝恩斯·约翰逊总统领导下的美国就向柬埔寨投掷了475515吨炸弹。由于美国空军B52轰炸机对越南的疯狂轰炸，北越共产党军队和南越解放军潜入柬埔寨境内特别是柬埔寨东北部、东部以及东南部地区，以建立秘密根据地。最重要的是，北越共产党军队和南越解放军将柬埔寨领土作为其向南越运送武器和粮食、以将南越从美国统治下解救出来的运输通道。因此，美国空军一旦怀疑柬埔寨境内任何地方驻扎有北越共产党军队和南越解放军，便对该地点实施轰炸。

轰炸柬埔寨领土的建议出自华盛顿的一次早餐会。1969年2月19日，理查德·尼克松击败林登·贝恩斯·约翰逊当选新一届美国总统还不满一个月，驻南越美军司令格雷夫顿·艾布拉姆斯将军给美军参谋长联席会议主席厄尔·惠勒将军发去电报，汇报北越共产党军队和南越解放军秘密指挥部的最新消息。艾布拉姆斯将军在电报中写道，这些共产主义军队正在努力向南越开进，他们的指挥部设在老挝，并且已经越过中立国柬埔

① （柬）诺罗敦·西哈努克（Norodom Sihanouk）口授，（澳）威尔佛雷德·贝却敌（Wilfred G. Burchett）整理：《我同中央情报局的斗争》（My War with the CIA），英国企鹅出版集团（Penguin Books），1973年版，第268页。

寨的东部边境进入了南越。[①] 当时，柬埔寨东部边境地区有艾布拉姆斯将军想要摧毁的越南共产主义分子基地和秘密根据地，[②]而诺罗敦·西哈努克亲王极力想使自己的国家超脱于越南战争之外。[③]两天后，美军参谋长联席会议代理主席约翰·麦康奈将军告诉艾布拉姆斯将军说："尼克松总统已经看到了那条建议，他并未拒绝那个想法。"[④]随后，艾布拉姆斯将军派出两名校官前往华盛顿，与白宫高级官员举行了一场早餐会，详细阐述了他的建议。接下来的五周内，国家安全委员会官员在总统召集的会议上频繁讨论轰炸柬埔寨的建议，认为该建议如果获得批准，即被列为"绝对机密"[⑤]。后来，艾布拉姆斯将军收到五角大楼回电，被告知在最后决定作出之前，他必须部署好便于（1969年）3月18日上午发动攻击的战机。电报将此事列为机密，并将此次攻击行动代号命名为"早餐"。[⑥]

尽管遭受了美国轰炸，诺罗敦·西哈努克亲王仍然在美国作出尊重柬埔寨边境地区主权和领土完整的承诺后，于1969年6月11日恢复了与美国的外交关系。然而，1970年4月30日，美国总统理查德·尼克松通过电视宣布，美国和南越的军队已经进入柬埔寨。[⑦] 诺罗敦·西哈努克亲王于1970年3月18日被废黜国家元首职务后，美国又重新开始了对柬埔寨的轰炸。诺罗敦·西哈努克亲王谴责理查德·尼克松说："挨个儿向我们三国（柬埔寨、越南和老挝）人民进行挑战的不是别人，就是尼

①②③④⑤⑥ （英）威廉·肖克罗斯：《插曲：基辛格、尼克松和柬埔寨的毁灭》，芬兰维尔纳·苏莎出版公司，1999年版，第19页、第20页、第21页、第22页。

⑦ （柬）诺罗敦·西哈努克口授，（澳）威尔佛雷德·贝却敌整理：《我同中央情报局的斗争》，英国企鹅出版集团，1973年版，第270页。

克松。决定要同我们较量一番并迫使我们除了接受挑战别无他途的不是别人，就是尼克松。我们决定使用我们联合的力量来对付他，或者任何接替他当美国总统并推行同一政策的人，直至完全胜利。”① 西哈努克亲王表示，“中国朋友”、“越南朋友”、“老挝朋友”以及他本人都对理查德·尼克松对中国北京的访问不抱任何幻想，尼克松的目的之一就是要在“中国和我们民族解放运动之间”打进一个楔子。②1971 年 7 月 12 日，中国国务院总理周恩来告诉西哈努克亲王说，中国仍然与亲王和印度支那（柬埔寨、越南和老挝）人民保持着友好关系，中美之间的大问题是台湾。③

1971 年 1 月，北越共产党军队的特种部队袭击了波成东机场，消灭了美国支持下的朗诺空军部队，包括 10 架飞机和 5 架直升机。那次战斗造成 40 人死亡，200 多人受伤。④ 直到 1972 年底，波尔布特的军队才被越南军队训练出来。因此，1970 年至 1971 年，打击朗诺军队的任务主要由越南军队承担，也就是说，战争的进展主要取决于越南军队的表现。⑤ 1968 年后越南和美国陆续进行的停火谈判中提到，若美国从南越撤出军队并停止对印度支那的轰炸，越南应从柬埔寨领土上撤出自己大部分军队。1973 年 1 月，越南终于同意了这一建议，⑥而波尔布特

①②③（柬）诺罗敦·西哈努克口授，（澳）威尔佛雷德·贝却敌整理：《我同中央情报局的斗争》，英国企鹅出版集团，1973 年版，第 234 页、第 235 页、第 236—237 页。

④（美）大卫·P·钱德勒（David P ·Chandler）：《柬埔寨历史的悲剧》（The Tragedy of Cambodian History），曼谷 OS 出版社（OS Printing House），1991 年版，第 211 页。

⑤⑥（美）大卫·P·钱德勒：《一号大哥》（Brother Number One），新加坡郑茂胶版印刷出版社（Chong Moh Offset Printing），1992 年版，第 98—99 页。

和他的一些同事却拒绝了停火建议，因为他们认为自己能够继续在军事斗争中获得胜利[①]。

1990年，洪森告诉澳大利亚珀斯科廷科技大学社会学系讲师周梦塔女士说："18岁是大多数青年人用来深造、求职或结婚的快乐时光，而我却对当时敏感的政治局势产生了兴趣……美国人轰炸了棉末县，那里是我出生的地方。作为一名高棉人和吴哥的子孙，除了加入民族主义运动抗击外来侵略者之外，我别无选择。"此次谈话被发表在澳大利亚1990年出版的《季刊》杂志上。洪森还写道，1969年3月18日以来美国对柬埔寨的轰炸[②]已导致"数万名平民在这场残酷的不宣而战的战争中遇难"[③]。与洪森过往密切、2003年至今担任新闻部大臣的乔坎纳烈形容道，1975年之后，B52轰炸机在柬埔寨留下的弹坑犹如"田螺身上的孔"。

由于农村地区遭遇战争和轰炸，人们纷纷涌入金边。美国中央情报局的报告称，战争爆发初期，在金边生活的人民大约120万。到了1971年底，卫生部估算这一数字增加至200万，当时全国总人口为700万[④]。该问题成为朗诺政府的一个沉重负担。

总部位于华盛顿的本顿基金会高级助理安迪·卡文说，在一架美国飞机误炸河良地区一处目标、造成大约125名柬埔寨

① （美）大卫·P·钱德勒：《一号大哥》，新加坡郑茂胶版印刷出版社，1992年版，第99页。

②③ （柬）洪森：《柬埔寨十年1979—1989》（柬文），柬埔寨诺宝潘出版社，1988年版，第3页、第5页。

④ （英）威廉·肖克罗斯：《插曲：基辛格、尼克松和柬埔寨的毁灭》，芬兰维尔纳·苏莎出版公司，1999年版，第222页。

平民死亡后，美国国会于1973年6月20日作出了立即停止轰炸柬埔寨的决议。作家安迪先生写道，当事飞行员被罚款700美元，以对自己误炸造成平民死亡的行为负责。

轰炸越南和柬埔寨的美国B52轰炸机。（图片来源：泰勒·欧文先生和本·柯南先生的文章）

1970年4月30日，在关于越南和柬埔寨问题的记者招待会上，美国总统理查德·尼克松用手指着柬埔寨地图。

（图片来源：http：//www. olive – drab. com/od _ history _ vietnam _ cambodia. php）

朗诺政变废黜西哈努克

1969 年 8 月 1 日，宾努亲王由于健康状况不佳辞去政府首相职务。8 月 12 日，朗诺取代宾努亲王出任政府首相。① 1969 年 9 月 3 日，西哈努克亲王前往河内出席 9 月 2 日逝世的胡志明的葬礼，他也是唯一一位出席这次葬礼的外国元首。②此访正值越南南方民族解放阵线和越南独立同盟会军队非法进入柬埔寨领土之时，而郎诺当时正在为其刚刚去世的妻子办丧事。③西哈努克亲王对胡志明先生予以高度评价，他写道："他不仅属于越南，而且属于印度支那、亚洲，甚至全世界。对我——一个亚洲人来说，他首先是一个亚洲同胞。"④

1970 年 1 月 7 日，经过在金边一家医院住院休养后，诺罗敦·西哈努克亲王离开金边前往法国巴黎格拉斯镇巴德医生的诊所进行两年一次的定期体检和治疗。西哈努克亲王写道，他和莫尼列王后带着一件小行李，在宾努亲王的陪同下离开了。⑤他还说："我需要彻底休息，并对一些慢性病进行治疗，而且我还这么想过：就让施里玛达和他的支持者们放手去干，让他们看看通过废除我的政策能把我们的经济问题解决得怎样，那对他们将会是一个有益的教训。"⑥西索瓦·施里玛达是诺罗敦·西哈努克亲王的表哥。西哈努克亲王写道："我知道施里玛达从 1969 年 6 月柬美复交时就和美国大使馆过从甚密。我在巴黎答

---

①②③④⑤⑥（柬）诺罗敦·西哈努克口授，（澳）威尔佛雷德·贝却敌整理：《我同中央情报局的斗争》，英国企鹅出版集团，1973 年版，第 270 页、第 36 页、第 42 页。

电视记者问时就曾预言，如果我失败了，那前景将会是十分不妙的。”[①] 他接着说，治疗结束后，他将继续前往巴黎、莫斯科、北京进行政治访问，以寻求军事、经济和财政援助，之后返回柬埔寨，按照自己的方式，通过真正的朋友的帮助，对柬埔寨的经济进行整顿。[②]

1970 年 3 月 10 日，诺罗敦·西哈努克亲王在巴黎接受法国电视台采访时表示，金边的右派分子与中央情报局取得联系，“利用我长期不在金边的机会，企图改变柬埔寨的政治方向。他们希望我们参加美国阵营。”他再次提出有政变危险的警告，认为“一切取决于陆军的态度”。[③]当时，虽然西哈努克亲王考虑到了副首相西索瓦·施里玛达及其领导的右派分子可能会发动政变，但他仍然相信首相兼国防大臣朗诺将军，认为他将会使用陆军对付任何颠覆企图。[④]3 月 16 日，也就是政变前两天晚上，内政大臣、诺罗敦·西哈努克亲王的妹夫翁·马诺林想逮捕朗诺首相，但计划失败，翁·马诺林反被逮捕，西索瓦·施里玛达取代其出任内政大臣。[⑤]

1970 年 3 月 18 日，拂晓的金边，西索瓦·施里玛达和两名军官走进朗诺家中，要他在一份关于废黜诺罗敦·西哈努克亲王国家元首职务的文件上签字，该文件将于当天发布。[⑥]当时朗诺有些犹豫，施里玛达冲他吼道：“亲爱的诺，如果你不在这份文件上签字的话，我们就把你枪毙掉。”[⑦]最后，朗诺流着眼泪

①②③④ （柬）诺罗敦·西哈努克口授，（澳）威尔佛雷德·贝却敌整理：《我同中央情报局的斗争》，英国企鹅出版集团，1973 年版，第 23 页、第 42—43 页、第 22 页、第 23 页。

⑤⑥⑦ （美）大卫·P·钱德勒：《柬埔寨历史的悲剧》，曼谷 OS 出版社，1991 年版，第 197—198 页。

签字了。那一刻，作为警察部队领导人的施里玛达在那份文件中命令军队站在政变者一方，在重点地区进行警戒，关闭金边和暹粒机场，不允许任何航班起降。[①]

而在法国那边，1970 年 3 月 13 日星期五上午，诺罗敦·西哈努克亲王正乘车前往巴黎机场准备飞往苏联首都莫斯科。突然，他的一名顾问跟他开玩笑说："亲王殿下，您今天不应该动身，今天既是星期五又是 13 号。"诺罗敦·西哈努克亲王回答道，他并不迷信，说完笑了笑。五天后，他被废黜国家元首职务。[②] 1970 年初，尽管我只有 7 岁，但仍然能够记起一些事情。当时，朗诺的手下驾驶飞机到处散发反对西哈努克亲王的传单。我家位于朗卡寺南大约 300 米，飞机从我家房顶上飞过，撒下了满天的小纸片。我和附近的小伙伴们四处跑着捡那些传单。尽管当时我还不太识字，但却记得住传单上画的反对西哈努克亲王的漫画。

对于此次政变，西哈努克亲王写道，他后来得知，美国中央情报局在与朗诺和施里玛达取得联系后制定了政变计划。[③] 1969 年 9 月，为妻子办完丧事后，朗诺乘坐的吉普车翻车，致其肩部受伤。后来，朗诺前往法国一家医院治疗。在那里，人们突然见到了来自美国的"病人"。实际上，他们是美国中央情报局策划推翻西哈努克亲王的顾问和专家。在那家医院里，朗诺和施里玛达保持着经常性的电话联系，筹备着即将实施的政

① （美）大卫·P·钱德勒：《柬埔寨历史的悲剧》，曼谷 OS 出版社，1991 年版，第 198 页。

②③ （柬）诺罗敦·西哈努克口授，（澳）威尔佛雷德·贝却敌整理：《我同中央情报局的斗争》，英国企鹅出版集团，1973 年版，第 21 页、第 37 页。

变计划。[①]

在巴黎治疗期间，朗诺的首相职务由施里玛达代理，朗诺还与西哈努克亲王商讨了对付越南人的战术，[②] 当时，越南正占据着柬埔寨东部边境地区。1970年1月，朗诺前往意大利罗马晋见正在欧洲访问的西哈努克亲王。按照记者皮埃尔·迈克斯的说法，朗诺坚持请西哈努克亲王返回柬埔寨，但西哈努克亲王对此犹豫不决。[③] 2月18日，朗诺回到柬埔寨，[④] 直到3月18日政变发生。

人们后来得知，参与发动这场政变的重要人物包括朗诺、西索瓦·施里玛达、朗诺的亲弟弟朗农上校和英丹。

政变发生后，郑兴取代诺罗敦·西哈努克亲王，被选举为国家元首。1972年3月11日，朗诺取代郑兴，宣布自己为美国支持下的高棉共和国政府元帅。接下来，朗诺任命施里玛达为总理。[⑤]1972年3月13日，施里玛达被撤销总理职务，山玉成取而代之。出任总理职务很短时间之后，山玉成就于1972年6月被英丹取代。

后来，高棉共和国政府对越南人下了狠手，将正在柬埔寨生活和工作的越南侨民全部驱逐出柬埔寨。[⑥] 1970年5月，为执行上级残暴的指令，朗诺的军队和警察在金边及附近地区包围并杀

---

① （柬）诺罗敦·西哈努克口授，（澳）威尔佛雷德·贝却敌整理：《我同中央情报局的斗争》，英国企鹅出版集团，1973年版，第38页。

②③ （美）大卫·P·钱德勒：《柬埔寨历史的悲剧》，曼谷OS出版社，1991年版，第1页、第193页。

④⑤ （柬）诺罗敦·西哈努克口授，（澳）威尔佛雷德·贝却敌整理：《我同中央情报局的斗争》，英国企鹅出版集团，1973年版，第43页、第272页。

⑥ （美）大卫·P·钱德勒：《柬埔寨历史的悲剧》，曼谷OS出版社，1991年版，第193页。

害了数千名越南平民。[①] 大卫・P・钱德勒先生写道，最可恶的是，在这一屠杀事件中，许多妇女儿童被士兵们开枪打死，另有许多人受伤后失血过多而死亡。死者被绳子反绑着双手，尸体成排漂浮在湄公河上。[②]钱德勒先生接着说道，当时没有人谴责这种杀戮行为，朗诺在向其正在寻求军事援助的南越政府道歉时抱怨说，在很多情况下，很难判断哪个越南人是越共分子，哪个是无辜平民。[③]诺罗敦・西哈努克亲王将这次导致数千名越南人死亡的杀戮行为称为“出于宗教目的的杀人”[④]。西哈努克亲王表示，那些越南人也是佛教徒，即使一部分人信奉天主教，佛祖同样也教诲说对他们要慈悲和仁爱。值得一提的是，朗诺政变前，柬埔寨已经陆续爆发了反对在柬越南人的示威游行活动。

离开莫斯科前往北京前，苏联总理柯西金（左）告诉西哈努克亲王说，朗诺已经发动政变罢黜了他的国家元首职务。（图片来源：《插曲：基辛格、尼克松和柬埔寨的毁灭》）

①②③　（美）大卫・P・钱德勒：《柬埔寨历史的悲剧》，曼谷 OS 出版社，1991 年版，第 203 页。

④　（柬）诺罗敦・西哈努克口授，（澳）威尔佛雷德・贝却敌整理：《我同中央情报局的斗争》，英国企鹅出版集团，1973 年版，第 72 页。

西哈努克亲王（左）抵达北京，受到中国国务院总理周恩来的热烈欢迎。(图片来源：《插曲：基辛格、尼克松和柬埔寨的毁灭》)

朗诺（左）和施里玛达联手发动了罢黜西哈努克亲王国家元首职务的政变。(图片来源：《插曲：基辛格、尼克松和柬埔寨的毁灭》)

洪森少小离家

从磅湛省比姆高斯纳小学毕业后，由于当地没有中学，年仅13岁的洪本那被父母送到金边英迪利戴维中学学习，时间从1965年至1969年。[①] 含泪乘船离开家乡时，洪本那仅随身带了一套衣服，母亲把12瑞尔（当时相当于35美分）放入他的口袋，并把一袋大米包好放进他的水布里。[②]在金边的涅加湾寺院里，本那慢慢长大成人。本那是洪森出生时的名字，“那”与他父亲（洪宁）和哥哥（洪能）名字中“宁”和“能”的声母相同。此外，由于洪森出生时胖乎乎的，于是父母就给他取名为“那”。洪森对“那”这个名字的解释是：“我出生时胖乎乎的，根据农村的风俗，如果小孩儿出生时胖乎乎的，就被人叫作‘那’。”[③]

离开英迪利戴维中学后，本那于1969年回到父母身边，帮助他们干农活，但并未生活在他的出生地斯登特朗县，因为他的父母已经将家搬到了棉末县。后来，青年本那与生活在柬埔寨境内的越共分子（北越解放军）做上了大米、药品和其他商品的生意。[④]

后来，本那加入了旨在摆脱美国军队控制的、名为“Maquis”的民族解放运动的军队。上学的时候，他的理想是做

---

①② （印度）哈里什·C·梅塔、朱莉·B·梅塔（Harish C. Mehta，Julie B. Mehta）：《柬埔寨强人洪森》（Hun Sen：Strongman of Cambodia），新加坡格雷汉姆·布拉斯出版公司（Graham Brash Pte Ltd），1999年版，第16页、第19页。

③④ （柬）乔依星等：《伟大的军事统帅亲王洪森：农民家庭走出来的首相》（柬文），金边钻石之光出版社，2007年版，第10页、第18页。

一名教师。1970年参加诺罗敦·西哈努克亲王领导的民族解放军后，他的理想转变为当一名飞行员。[①] 后来，他成了一名广受拥戴的游击队指挥官。洪本那表示，他非常讨厌那些飞扬跋扈、蔑视穷人的官二代和富二代，他们从不学习，考试时却一路绿灯。[②] “Maquis”一词是法语，指1939年至1945年第二次世界大战期间的法国抗德游击队员，[③] 在当时的柬埔寨指的是丛林里的抵抗运动。

1970年4月14日，洪本那与其他数百名青年一起加入了抵抗运动的军队，其做法得到了父亲的支持。洪森表示，父亲为此和哥哥私底下召开了一个家庭会议，并对他进行了在丛林内生活和睡觉技能的训练。后来，他一直把4月14日作为自己的生日，[④] 改名“洪桑拉”以掩护身份，最后又改为“洪森”。洪森多次谈到，他从未见过波尔布特，之所以进入丛林参加战斗甚至差点丢了性命，是因为他听说民族解放运动是诺罗敦·西哈努克亲王领导的。关于这个问题，洪森曾告诉两名作家——哈里什·C·梅塔先生及夫人朱莉·B·梅塔女士说，当时，“我只知道西哈努克和宾努。”[⑤]

在抵抗运动内部，洪森也遇到过一些麻烦。当他的一些朋

① （印度）哈里什·C·梅塔、朱莉·B·梅塔：《柬埔寨强人洪森》，新加坡格雷汉姆·布拉斯出版公司，1999年版，第18页。

② （柬）乔依星等：《伟大的军事统帅亲王洪森：农民家庭走出来的首相》（柬文），金边钻石之光出版社，2007年版，第18页。

③ WIKIPEDIA：http：//en. wikipedia. org/wiki/Maquis_%28World_War_Ⅱ%29

④ （柬）乔依星等：《伟大的军事统帅亲王洪森：农民家庭走出来的首相》（柬文），金边钻石之光出版社，2007年版，第30页。

⑤ （印度）哈里什·C·梅塔、朱莉·B·梅塔：《柬埔寨强人洪森》，新加坡格雷汉姆·布拉斯出版公司，1999年版，第18页。

友被逮捕并遭到严刑拷问时，其中一人指控他在朗诺军队中担任中将。后来，指控他的那位朋友与他一同在外交部共事。[①]

关于涉嫌在朗诺军队中任职的问题，洪森告诉哈里什·C·梅塔先生说，他有一些亲戚在朗诺政府工作，其中一名叫努托的金边亲戚担任中将，曾动员他加入朗诺军队并承诺给他上校军衔，还派自己手下前来协商和拉拢，但他没有答应。因为洪森认为，参加抵抗运动是参军，去金边加入朗诺军队同样也是参军。[②]此外，洪森之所以不愿加入朗诺军队，还因为朗诺是美国支持的，而美国人曾经轰炸过他的家乡。还有一点，朗诺集团曾经逮捕过洪森的父亲洪宁，指控洪宁是西哈努克亲王领导的人民社会同盟的成员，并对他进行折磨。洪森的父亲曾遵照尊纳僧王教诲在磅湛省乌纳龙寺出家，还俗后加入了旨在解放国家、摆脱法国殖民统治的伊沙拉高棉组织。不仅如此，洪森的母亲迪云（又名迪波）曾于1945年遭到伊沙拉高棉组织成员的绑架勒索，因为他们认为洪森的爷爷是资本家。为了赎回洪森的母亲，家里不得不变卖了家产，伊沙拉高棉组织才将洪森的母亲毫发未伤地放了回来。洪森告诉哈里什·C·梅塔先生说，他母亲不会读书，不会写字，只会写丈夫及6个孩子的名字，但却擅长算术。[③]1998年初，洪森的母亲因病在首都金边去世。

由西哈努克亲王口授、威尔佛雷德·贝却敌先生整理的《我同中央情报局的斗争》一书第42页写道，1970年1月7日，西哈努克亲王和他的王后诺罗敦·莫尼列·西哈努克仅随身携带一件小行李，在宾努亲王的陪同下离开了首都金边。宾努亲

①②③（印度）哈里什·C·梅塔、朱莉·B·梅塔：《柬埔寨强人洪森》，新加坡格雷汉姆·布拉斯出版公司，1999年版，第6页、第46页、第15—16页。

王是诺罗敦·西哈努克亲王最亲密的政治顾问，曾于1948至1949年、1952至1955年、1958年、1961至1962年以及1967至1969年担任首相，1941年以来还担任过其他许多高级职务。[①]关于反对朗诺的抵抗运动，西哈努克亲王写道，他呼吁抵抗运动振作起来，反对美帝国主义及其走狗朗诺。西哈努克亲王表示，他在离开苏联莫斯科前往中国北京的飞机上起草了一份宣言，该宣言于1970年3月23日通过中国国际广播电台柬埔寨语广播予以播发。[②]西哈努克亲王表示，该宣言播发后立即对他的同胞产生了直接影响。我现将该宣言内容非正式翻译如下：

“我正式要求解散非法和违宪的朗诺政权，并且号召建立一个广泛的民族团结阵线和一支民族解放军：我们将建立一个民族团结政府。在柬埔寨形势恢复正常之前，我们要成立一个协商会议。它的成员将包括一切爱国、进步并具有反帝倾向的佛教僧侣、军队、警察、省防军、青年、知识分子、农民、工人及其他依靠自己劳动生活的人，工业家、商人、政府职员和妇女中符合条件的代表。我们将建立一支民族解放军，把祖国从以朗诺、施里玛达和郑兴为首的卖国贼集团和亲帝国主义反动派的独裁和压迫下解放出来，并与他们的主子美帝国主义进行斗争。民族团结政府、协商会议和民族解放军将和全国人民团结在一起组成柬埔寨民族统一阵线，该阵线将担负起解放祖国和在胜利后重建祖国的双重责任。”[③]

西哈努克亲王表示，1970年3月26日至30日期间，国内数百名爱国人士被朗诺军队缴械。同年4月4日，西哈努克亲

①②③（柬）诺罗敦·西哈努克口授，（澳）威尔佛雷德·贝却敌整理：《我同中央情报局的斗争》，英国企鹅出版集团，1973年版，第264页、第6页、第60页。

王通过中国国际广播电台表示，300 多名爱国人士遭到朗诺军队屠杀，“并再次劝告我的支持者转入地下，到丛林中加入那些早已在那里的抵抗部队，而且一到那里就能搞得到武器。”① 西哈努克亲王的号召引起了青年洪本那和其他青年人的关注，他们踊跃加入了民族解放运动。

通过中国国际广播电台发出号召近三年后，为鼓舞和激励丛林里的抵抗力量，坚定他们的斗争意志，西哈努克亲王从北京借道越南回到柬埔寨，与红色高棉高级领导人波尔布特、乔森潘和英萨利生活在一起。夏利奥·A·杰利斯所著《吴哥的阴影》一书第 178 页引述西哈努克亲王的话说，1973 年 2 月至 3 月，西哈努克亲王经过越南的胡志明市进入柬埔寨解放区，他认为这次行程无论对国际国内都具有历史性意义，显示了他对美帝国主义及其国内外“走狗们”所作所为的立场。西哈努克亲王表示，这次行程为他提供了一个非常好的机会，使他能够在 3 月份这一个月的时间里与人民在一起，与国内特别是上丁省、柏威夏省和暹粒省民族解放运动的英雄们在一起。关于借道越南，大卫·P·钱德勒先生写道，在越南的 8 天时间里，西哈努克亲王和莫尼列王后在包括外科医生在内的 150 名越南随从陪同下，乘坐苏联生产的吉普车，沿着胡志明小道一路前行，每晚都睡在非常干净的木屋内，每天都能吃到法国餐。②

---

① （柬）诺罗敦·西哈努克口授，（澳）威尔佛雷德·贝却敌整理：《我同中央情报局的斗争》，英国企鹅出版集团，1973 年版，第 61 页。

② （美）大卫·P·钱德勒：《柬埔寨历史的悲剧》，曼谷 OS 出版社，1991 年版，第 228 页。

第二章　1975年至1979年

1975年4月17日

1975年4月17日是一个伟大的日子，红色高棉军队打败美国支持的朗诺军队，取得了伟大胜利，但洪森却无缘进入金边庆祝这一伟大胜利。1975年4月16日，即红色高棉军队攻入金边的前一天，洪森在磅湛省被弹片炸伤左眼，并被送往当地一家医院治疗。从那以后，洪森的左眼就落下了残疾。对于这次受伤，洪森说，他“昏迷了八天，醒来才得知红色高棉集团城市大撤民的做法”。

红色高棉军队攻入金边前两三天，正值柬埔寨传统新年，金边城一片死寂，与往年新年截然不同。街上几乎没有行人，没有人做游戏和进行娱乐活动。到了晚上，金边郊区特别是波成东机场地区枪炮声响彻夜空，我在电视上看到大批伤亡人员被送往医院。4月17日上午，大街上突然出现了一批身着黑色衣裤、围着红色水布的人，一些人边走边朝天鸣枪，另外一些人告诉人们立即离开金边，理由是美国很快就要轰炸金边。他们告诉我们只需要离开三天，因此不必带太多东西。大街上到处是急着离开金边的人们，因为大家都害怕美国轰炸。在从金边通往茶胶省的3号国道上，我第一次亲眼目睹了堆积如山的朗诺军队的尸体，其中一部分已经浮肿了，引来无数苍蝇围着嗡嗡直叫，另外一些尸体已经干枯了。

1975年12月底，被朗诺和施里玛达政变废黜国家元首职务的诺罗敦·西哈努克亲王从中国北京返回柬埔寨，应乔森潘请求回到金边就任红色高棉政权国家元首。回到金边没几天，西哈努克亲王就于1976年1月3日颁布实施新宪法。接下来，红色高棉就组建了以波尔布特为总理的新政府。原名沙洛特绍的波尔布特让西哈努克亲王住在王宫里。尽管西哈努克亲王贵为国家元首，但实际上一点儿权力都没有。1976年，西哈努克亲王曾向波尔布特提出要到中国参加因病逝世的中国总理周恩来的葬礼，但波尔布特不同意，因为他和他的官员们害怕西哈努克亲王一去不返。这件事令西哈努克亲王十分不满，对波尔布特相当恼火，于是他决定辞去红色高棉政权国家元首职务。1976年4月11日，乔森潘取代西哈努克亲王出任红色高棉政权国家元首。从那天起，西哈努克亲王和莫尼列王后以及王室成员们就被囚禁在王宫内，直到越南志愿军和宾索万、韩桑林、谢辛、洪森领导的柬埔寨民族团结救国阵线军队攻占金边前夕，才得以离开王宫前往北京。

青年洪森执着追求爱情

青年男女之间发生美丽的爱情故事，这是人类社会的自然规律，青年洪森也不例外。一般来说，青年男女之间产生爱情是非常自然的事，但军队有军队的纪律，特别是对丛林抵抗运动的军队来说，在国家正与敌人交战时期，谈情说爱、儿女情长的事情是被禁止的。1974年，年轻的指挥官洪森被文婵香（文拉妮）姑娘的美貌所打动。当时，文拉妮是磅湛省某县医院院长，而该医院离前线不远。更巧的是，洪森部队的伤病员都要送到这家医院治疗，这成为洪森和文拉妮爱情故事的开端，最终两人喜结良缘。

关于洪森和文拉妮爱情故事的经过，我现将《柬埔寨强人洪森》一书第30－50页非正式翻译如下：

文拉妮说，洪森的手下玩了一个令人意想不到的游戏。当他们见到洪森时，说漂亮的女院长请他们转达对指挥官先生的尊敬与爱慕之情。而当他们见到文拉妮时，又说洪森指挥官请他们转达对院长的尊敬与爱戴之情。实际上，洪森和文拉妮之前从未见过面。洪森的手下想撮合他与文拉妮结婚。文拉妮说，1974年，她通过经常来她医院治疗的那些看上去对她尊敬爱戴有加的士兵们认识了洪森，成为她和洪森相识并建立恋爱关系的桥梁。文拉妮是受人尊敬和爱戴的医院院长，而洪森是受人拥戴的指挥官。因此，士兵们总是把她和洪森配在一起，称她为嫂子。洪森也表示，他妹妹得知此事后，也称文拉妮为嫂子。为了搞清楚是否真有相互转达尊敬与爱慕之情这件事，有一天，文拉妮亲自给素未谋面的洪森写了一封信，通过洪森送到她医院体检的卫生员交给了洪森。文拉妮表示，她在信中提出让洪森亲自来见她，把两人过去相互表达尊敬与爱慕之意的事说清楚。1974年柬埔寨新年前夕，洪森请他的一名女同事陪他去见文拉妮，因为他觉得与女同志一同前往更容易见到文拉妮。洪森说，当时他并不知道文拉妮长什么样，只知道她是医院院长。

到医院后，他的女同事去见当地官员，洪森则在医院等候文拉妮。文拉妮以前也没见过洪森，所以两人对这次见面都心怀忐忑。洪森说，当文拉妮向他走来时，他问文拉妮："哪位是文拉妮?"当时文拉妮并未告诉洪森她就是，反而说文拉妮去打水了，当时她并不知道问她的人就是洪森。当听说文拉妮不在后，洪森就跑到文拉妮位于医院一层的宿舍去找她。最后，两人终于碰到了一起，把事情说清楚了。洪森说："我考虑的是，如果她是个漂亮姑娘，我将不会揭开那件事情的秘密，而是直接向她提亲，请她做我的妻子。"幸运的是，由于两人见过面后天色已晚，洪森来不及返回部队，就在医院住了一晚。当晚，医院工作人员给洪森和他的同事送来枕头和被子。巧合的是，洪森盖的被子正是文拉妮自己使用的。作为年轻的医院院长，文拉妮非常关心在战场上顽强作战受伤和牺牲的官兵们，在自己医院里更是对他们照顾有加。

返回部队 6 个月后，洪森开始想念文拉妮。1974 年雨季的一天，洪森在磅湛省德邦克门县比姆吉格兰村再次见到了文拉妮。当时，文拉妮来为洪森的部队治疗疟疾。洪森说，他偶然间遇到了文拉妮，当时他正骑着自行车与三个朋友在一起，那三个朋友后来全牺牲了。文拉妮和她的同事坐在汽车里。为了能与文拉妮见面并进一步密切两人的关系，洪森从朋友那儿借钱请文拉妮和她的同事一块儿吃早餐。洪森表示："能在一起吃早餐，我们真的很开心。"能见到自己心爱的女人，洪森高兴得不得了。他的朋友们称他和文拉妮是天造的一对、地设的一双，这种评论对洪森来说已经不是第一次听到了。但洪森担心部队的纪律，不愿让人继续谈论这个话题。从那时起，洪森便对文拉妮产生了真正的爱情。1974年底，刚满22岁的洪森向组织申请与文拉妮结婚，但这一申请多次遭到组织拒绝。当时洪森正担任特别突击队指挥官，负责训练年轻士兵看地图、使用指南针、测量仪和望远镜，尽管上级对他的工作能力评价很高，但仍然不同意他结婚，要他等全国解放后再考虑结婚的事。

关于这一点，洪森表示，当时部队规定，男子年满30岁方可结婚，只有残疾人才能在30岁之前结婚。洪森接着说，他的上级真是太聪明了，他们并不直接反对他结婚，而是让他等国家解放后再考虑。拖到那时，他和文拉妮的感情就不如现在这样好了。

1975年4月16日，在磅湛省被弹片击中左眼受伤后，洪森被送往当地一家医院进行治疗，但不是文拉妮任院长的那家医院。经过数月的治疗，他的伤口愈合了，左眼被摘除换上了假眼，之后他便返回部队，再次强烈要求上级批准他与文拉妮结婚。文拉妮的上级得知洪森想与文拉妮结婚的消息后，也不同意他们结婚，并放出风说已经有人申请与文拉妮结婚了，这个消息令洪森勃然大怒。文拉妮说："那个消息确实激怒了他，他拔出手枪朝天连开了三四枪。"尽管洪森左眼残疾，但文拉妮并没有嫌弃他，反而更加关心起他来。文拉妮说，组织分配她与一名担任印刷厂厂长的老男人结婚。就在准备结婚的前一天，文拉妮找到县里负责人抗争说，她不愿意和那个男人结婚，因为那个男人不是他心目中的结婚对象。如果那个男人想结婚，请他去选择别人而不是文拉妮。文拉妮的抗争使这位负责人恼羞成怒，不再搭理她了。不久，洪森也来找该县领导，正式请求与文拉妮结婚，但这个请求面临来自双方朋友和单位的障碍。

在文拉妮方面，一位负责婚礼筹备的老师极力反对她和洪森结婚，因为那位老师有个弟弟在军队工作，他想让他弟弟与文拉妮结婚。而在洪森方面，由于上级不想让他过早结婚，就骗他说文拉妮要和别人结婚了，让他忘了文拉妮。听到这个消息，洪森说："我很生气，因为当我眼睛还健全的时候，她接受了我的求婚；而当我残疾的时候，她却拒绝了我。"洪森表示，得知文拉妮要和别人结婚的消息后，他非常愤怒，决定与别的姑娘结婚。洪森说："事实上，文拉妮一直在等着我，但我却收到了别人提供的不实消息。我急于采取行动报复她，计划与戈芝马县一位姑娘成亲，事实证明那件事是我错了。我要娶的那位姑娘就住在文拉妮单位附近，之所以决定这么做，是因为我无法容忍文拉妮以这种方式伤害我的尊严。我的这种做法受到了朋友们的批评，他们告诉我说，文拉妮一直在等着我，我应该去向她道歉。"

后来，这对情侣进一步经受了被拆散的考验。文拉妮的上级向她施压，要她与在戈芝马县工作的另一个男人结婚，被她拒绝了。洪森的上级则让他与一名比他大 12 岁的女教授结婚，那名女教授后来成了波尔布特红色高棉政权的国会议员，经常在红色高棉电台里发表讲话。尽管洪森和文拉妮明白与组织抗争的巨大风险，但仍然拒绝了组织对他们婚姻的包办。此外，洪森还面临着另外一个麻烦，他的一名叫盛的上级鼓励并劝说他与自己的女儿结婚。在当时，上级请求下属与自己女儿结婚可是一件不寻常的事情。洪森说，他耍了一个小聪明拒绝了上级的要求。他对上级说，他视其如同自己的父亲，视其女儿如同自己的妹妹。于是，上级接受了这个理由，不再逼洪森与自己女儿结婚。

历磨难有情人终成眷属

尽管申请结婚的过程障碍重重，而且洪森与文拉妮工作单位相距遥远，但这对有情人最终仍然走到了一起。在文拉妮两次拒绝与别的男人成亲、洪森拒绝与自己上级女儿结婚之后，24 岁的洪森和22 岁的文婵香（文拉妮）于1976 年1 月5 日正式结婚。红色高棉革命组织安排他们与其他新人一起参加了集体婚礼，他们是这次集体婚礼中的第13 对、也是最后一对新人。洪森说，这是组织首次为残疾人举办集体婚礼，而他是这13 对残疾夫妻中受伤最轻、级别最高的指挥官。文拉妮说，多数新人的兄弟姐妹都出席了那次集体婚礼，但她和洪森的兄弟姐妹却没有出席，因为他们住的地方离这里太远了。[①] 他们二人真是太幸运了，一再拒绝组织安排的婚事，却逃过了不尊重组织的指责，结成终身伴侣并生儿育女，后来又成为杰出领导人成功地管理着国家。

说到红色高棉组织的结婚仪式，作为生活和工作在波尔布特红色高棉统治时期的一名儿童团员，我曾在茶胶省占卡县占卡村参加过两次这样的仪式。第一次是1976 年底，第二次是1977 年底，每次均有二三十对新人结婚，我母亲的干妹妹也是在组织的主持下结婚的。我仍然记得，不同年龄层次的人都出席了那次集体婚礼，既有儿童团成员，也有青年团、老年团成

① （印度）哈里什·C·梅塔、朱莉·B·梅塔：《柬埔寨强人洪森》，新加坡格雷汉姆·布拉斯出版公司，1999 年版。

员以及组织的一些领导，共计数百人。在组织的安排下，我们一排排整齐地坐在那里。夜幕降临后，婚礼仪式就在晴朗的夜空、皎洁的月光以及昏暗的灯光下开始了。仪式正式开始前，组织的代表先上台通报了革命生产工作以及铲除旧社会封建残余和资本家的情况，并传达伟大的革命新路线、大跃进以及铲除革命队伍中的美国中央情报局和苏联克格勃间谍等成就。发言完毕后，婚礼仪式正式开始。组织的代表一次一对地点着新人的名字，让他们在大家面前站好，要求每对新人宣誓一辈子忠诚于对方，不违反组织制定的道德规范，永远忠于组织，为组织奋斗终生。仪式结束后，组织给每对新人发了一捆甘蔗作为贺礼。

由于当时我只有十四五岁，什么也不明白，只记得当时波尔布特红色高棉组织的一些理论和意识形态。作为一名儿童团员，我经常参加例行的批评和自我批评会议以及组织举行的各种集会，用组织的政治路线武装头脑，接受热爱组织、为组织奋斗终身、只有组织才能将我们从封建阶级、资本家、帝国主义及其走狗统治下解放出来的思想教育。组织教育我们说，为了组织，我们儿童应该抛弃自私自利和个人主义思想，高举革命旗帜，为合作社、集体和伟大的革命组织贡献自己的力量。此外，必须消灭革命的敌人和组织的敌人，即使是我们的亲生父母，如果他们是革命组织的敌人，我们也必须坚决予以消灭。

再回到洪森和文拉妮这对新婚夫妇的生活。文拉妮说，结婚仪式结束后，她和洪森在占卡村住了一晚，第二天一大早就一同出发前往洪森的家乡。由于路途遥远，两人需要在途中的一个村子住上一晚，但村民们不让她和洪森住在一起，因为不相信他们是刚刚参加过组织举办的婚礼的合法夫妻。次日一大早，两人就继续出发前往洪森的家乡。①

1996年洪森与文拉妮在暹粒省卜哥县合影。（图片来源：《柬埔寨强人洪森》）

洪森夫妇遭遇丧子之痛

结婚后，洪森很少有时间与妻子文拉妮在一起生活，因为组织派他到一个又一个很远的地方执行任务，没有时间与妻子见面，组织也不让他们两人见面。1976年11月10日，是文拉

① （印度）哈里什·C·梅塔、朱莉·B·梅塔：《柬埔寨强人洪森》，新加坡格雷汉姆·布拉斯出版公司，1999年版。

妮和洪森遭遇巨大不幸的日子。文拉妮告诉哈里什·C·梅塔先生和朱莉·B·梅塔女士说，在她怀孕7个月的时候，丈夫洪森向组织请求接她过去一同居住，组织同意了。后来，她就去和丈夫一起住了大概两个月，直到孩子出生。分娩前肚子出现阵痛后，她被送到棉末县一家医院，但组织不允许丈夫洪森一同前往。孩子刚一出生，厄运就毫不留情地降临在了他的身上，孩子出生后不久就夭折了。文拉妮告诉哈里什·C·梅塔先生和朱莉·B·梅塔女士说："我真的搞不明白，竟然会发生这种事，因为那名产科医生是和我一同接受过培训的。孩子是从她手中脱落，头撞在床角上伤重而死。但医院报告却写成胎儿是死胎，在出生前就已经死了！"

接到孩子夭折的噩耗后，洪森急忙赶到医院，看到孩子嘴里流着鲜血，已经死亡了。洪森说，这是他生命中最大的悲剧。他说："那是我经历的第一次痛苦折磨。孩子出生时，产科医生失手将孩子跌落，撞在床角上折断了脊柱……"① 洪森称："上级不让我埋葬孩子，也不让我照顾妻子，而是逼我到更远的地方工作。直到今天，我都不知道孩子埋在哪里。因此，我自己选了一个地方，作为孩子的埋葬之地。那件事促使我写了一首名为《离别丈夫的苦难》的歌词，讲的就是战争年代新婚妻子被迫与丈夫分离的苦难与忧愁。"②后来，洪森在孩子夭折的地方捐资修建了一所名为"洪高索"的学校，这个校名一直沿用至今。

①② （印度）哈里什·C·梅塔、朱莉·B·梅塔：《柬埔寨强人洪森》，新加坡格雷汉姆·布拉斯出版公司，1999年版，第40页、第41页。

红色高棉攻入越南领土

在被非正式翻译为《兄弟成仇：战后之战》的 *Brother Enemy* 一书第 197 页，作者纳扬・昌达先生写道，1977 年初，负责从桔井到磅湛一线边境安全的年轻团长洪森接到了中央的命令，要他的部队做好进攻越南西宁省的准备。按照计划，当地部队应于 5 月 30 日在第四炮兵师的火力支援下攻入西宁省。洪森部队的一些营团级军官拒绝执行这个攻击计划，随后遭到逮捕并被处决。根据昌达先生的说法，洪森作为该团年龄最小却最受中央司令部信任的军官，被指定领导此次攻击行动。昌达先生引述了洪森对史蒂芬・海德先生的谈话："但我认为，我不能这么做。因此，除了与一部分人逃入丛林外，我别无选择。那一天是 1977 年 6 月 20 日。"后来，洪森投奔越南，以将国家从波尔布特政权统治下解放出来。1977 年，洪森被任命为东部大区红色高棉独立团团长。为躲避波尔布特的清洗，洪森逃入了越南南部同塔省。[①] 在那里，洪森向越南申请政治庇护，但最初越南人并不相信他，担心他是波尔布特派来的间谍。[②]将洪森囚禁在同塔省三个月后，越南人才相信他确实是要申请政治庇护。[③]当时，金边的 S－21 监狱也称杜斯棱监狱内，从东部地区送来的犯人越来越多。曾被囚禁于杜斯棱监狱的万纳先生引述监狱安全人员的话说："那些东部地区的叛国者想背叛我们。现在，企图逃往越南的叛徒邵朋已经被组织消灭了，与他有关联

①②③ （印度）哈里什・C・梅塔、朱莉・B・梅塔：《柬埔寨强人洪森》，新加坡格雷汉姆・布拉斯出版公司，1999 年版，第 60 页。

的多名人员已经被捕。”[①] 邵朋当时担任红色高棉东部大区主任。

尽管失去了洪森的部队，波尔布特军队仍然继续着进攻越南西宁省的既定计划。1977年4月30日，波尔布特军队首次攻入越南境内大约10公里的地方，造成多名越南人民伤亡。在越南军队的还击下，波尔布特军队也有多人伤亡。红色高棉军队之所以选择进攻越南西宁省，是由于红色高棉与越南在海陆边界问题上发生了摩擦。

事实上，红色高棉具有高度的自豪感。他们声称，尽管柬埔寨共产党是越南共产党的盟友，但他们仍然依靠自己的力量推翻了美帝国主义扶植的朗诺政权。1977年12月，大约5万越南军队进攻柬埔寨，深入柬埔寨境内约20公里，一直打到柴桢省，以警告红色高棉政府放弃继续进攻越南的想法。作为柬埔寨的邻国，又同为共产党执政的国家，越南也想显示与民主柬埔寨进行和平谈判的诚意。[②] 但越南的上述做法和想法好比是大棒打在了马蜂窝上。1977年12月31日，由于许多越南军队仍然驻扎在柬埔寨领土上，红色高棉民主柬埔寨政府宣布断绝与河内政府的外交关系并向越南宣战。经过一周的激战，越南军队带着部分犯人和平民撤出了柬埔寨。[③]

我仍然记得，1977年时我14岁，正生活在茶胶省占卡县的儿童团内。我曾在合作社食堂里听到红色高棉电台广播道“越南鬼子正在侵略柬埔寨”，并说“民主柬埔寨军队已经击溃了越

---

① （柬）万纳（Vann Nath）：《一名柬埔寨人的狱中特写：红色高棉S－21狱中一年》（A Cambodian Prison Portrait：One Year in the Khmer Rouge's S－21），曼谷白莲书社（White Lotus），1998年版，第80页。

②③ （美）大卫·P·钱德勒：《一号大哥》，新加坡郑茂胶版印刷出版社，1992年版，第145页、第150—151页。

南鬼子”。红色高棉电台广播道，被俘的越南士兵在接受采访时谈到了河内政府侵略柬埔寨的野心，采访内容被翻译成了柬埔寨语。我仍然记得在食堂里无意间看到报纸上的一幅漫画，画着一个头戴斗笠的男子坐在椅子上，手里拿着一幅柬埔寨地图，做出要将地图吞掉的样子。但我并没有仔细阅读那幅漫画的内容，因为饭后我们必须回到“岗”那个地方，准备开始一天的工作。

由于民主柬埔寨认为河内企图吞并柬埔寨领土，因此，民主柬埔寨政府与河内政府间的政治、军事关系愈发紧张起来。1978 年 1 月和 2 月，民主柬埔寨再次发动攻打越南河仙市的行动，向河仙市发射炮弹，烧毁越南人民的房屋，杀死大量平民。那次攻击行动后，越南建议举行谈判，但波尔布特鼓吹道，他们曾经打败过美帝国主义军队，如今又有外国的帮助，是不会害怕越南的。

民主柬埔寨二次进攻越南的行为促使河内政府不得不认真研究波尔布特红色高棉集团的战略。由于有脱离红色高棉的洪森及其多名同事对红色高棉集团罪行的控诉，又握有红色高棉入侵西宁省和河仙市的铁证，河内当局开始讨论柬埔寨的政治前途问题。1978 年 12 月 2 日，在越南的支持下，一个名为“柬埔寨民族团结救国阵线”的民族解放运动在桔井省斯努县正式成立，创始成员为包括洪森在内的脱离波尔布特集团的人。

当时正处于复杂的冷战时期，许多外文书籍已经写了冷战问题，我在此就不再赘述了。关于这一点，我想补充的是，波尔布特认为，正被囚禁于王宫内的诺罗敦·西哈努克亲王是中国的亲密朋友，中国不会对越南进攻柬埔寨坐视不顾。关于民主柬埔寨入侵越南南部省份的问题，洪森写道，“波尔布特抽调23个师中的19个师，向越南社会主义共和国南部的几个省份发动侵略战争，杀害越南百姓，打死耕牛，烧毁房屋，破坏了大量村庄、财产和农作物。”[①] 此前，波尔布特军队还攻入了泰国和老挝部分领土。[②]1996年至1999年间，我就进攻越南的问题陆续采访了一些前红色高棉干部，包括仅次于波尔布特的二号人物农谢、波尔布特的顾问迪昆纳以及红色高棉发言人、红色高棉副总理兼外交部长英萨利的顾问松西根。他们说，许多红色高棉高级干部认为，进攻西宁省是错误的、危险的行动，好比是在拔熟睡中的老虎的胡须。在我与红色高棉电台管理者松西根的几次见面过程中，他告诉我说，在那次战斗中，红色高棉军队伤亡数百人，还有一部分被越南军队俘虏。他还说，在红色高棉军队攻击行动中死亡的越南人中，也有一些是下柬埔寨人。

1999年，仅次于波尔布特的红色高棉二号人物、柬埔寨共产党中央委员会副书记农谢在其位于拜林的家中接受了我的采访。他说，1975年至1979年间，民主柬埔寨政府面临着最为复杂困难的局面，因为1975年4月17日打败美帝国主义及其走狗朗诺后，国家遭到了破坏，美国中央情报局和苏联克格勃间谍借机在政府中进行捣乱破坏。与此同时，越南也企图打着印度支那联邦的旗号吞并柬埔寨。农谢告诉我说，正是这个原因，民主柬埔寨才决定将人们从金边和各省会城市撤出，“以使他们在没有资本家、封建地主和剥削阶级的情况下，平等地在农村

①② （柬）洪森：《柬埔寨十年1979—1989》（柬文），柬埔寨诺宝潘出版社，1988年版，第10页。

地区生活，进行农产品生产。”在刚从帝国主义及其走狗手中将国家解放出来的形势下，这种做法可以使民主柬埔寨看清每个人的真实面目。农谢表示，城里人多是剥削阶级，看不起农民和穷人。因此，革命组织必须让他们到农村地区务农，让他们知道农民生活是何等艰辛。对于杀人的事情，农谢声称，当时革命组织正在国内清剿敌人，可能会有下面的人“在上级革命组织不知情的情况下”趁机杀人。农谢表示，红色高棉革命组织并未制定人们所指控的屠杀人民的政策，或者种族灭绝政策。

1977 年 3 月 16 日，取代杰拉尔德·福特当选美国总统的吉米·卡特派伦纳德·伍德考克大使和其他一些知名人士首次对越南河内和老挝万象进行访问，以修复与越老两国自越南战争以来受损的友好关系，并寻找战争时期失踪的美国人及目前正被关押在越南的美国人。吉米·卡特谴责杰拉尔德·福特不关心在印度支那战争军事行动中失踪和被捕的美国人①。理查德·尼克松总统辞职后，杰拉尔德·福特于 1974 年 8 月 9 日取而代之。

在访问河内和万象的过程中，伦纳德·伍德考克大使也想访问柬埔寨，但波尔布特、英萨利和乔森潘领导的红色高棉民主柬埔寨拒绝了。红色高棉电台称：“柬埔寨人民反对美帝国主义及其走狗的阶级怒火依然在燃烧。”②红色高棉电台继续广播道，柬埔寨人民热爱独立、主权和自由，因此“不能接受美帝国主义关于派美国代团表访问民主柬埔寨的建议，也不会在任何地点与其进行任何会谈”。③在这一点上，红色高棉电台管理

①②③ （美）纳扬·昌达（Nayan Chanda）：《兄弟成仇：战后之战》（Brother Enemy: The War after the War），纽约麦克米伦出版公司（Macmillan Publishing Company），1986 年版，第 13 页、第 147 页、第 148 页。

者松西根告诉我说，确实是那样，因为他认为“敌人的 B52 轰炸机轰炸了我们，杀死了大量无辜的柬埔寨人民，并且帮助朗诺政权消灭我们，这叫我们如何能够接受他们？我们战士们的血肉仍时时浮现在眼前，久久不能散去”。松西根声称，民主柬埔寨并不担心越南和老挝接受自己以前的敌人美国，因为那是他们两国自己的事情，而民主柬埔寨是一个独立的、与越南和老挝无关的国家。关于这一点，洪森也写道，1970 年至 1975 年的五年战争期间，“美国的军事干涉和亲美政变势力进行的战争，使 60 多万柬埔寨人在这场历时五年多的残酷战争中丧生。许多经济文化设施、村庄、房屋、牲畜、耕地、森林、橡胶园、工厂、企业遭到彻底破坏。美国在战争中还使用了化学武器。”①

洪森（右）慰问柬埔寨民族团结救国阵线官兵。（图片来源：柬新社）

① （柬）洪森：《柬埔寨十年 1979—1989》（柬文），柬埔寨诺宝潘出版社，1988 年，第 6 页。

第三章　1979年至1985年

少年洪森升任外交部长

脱离波尔布特—英萨利红色高棉集团并取得越南的信任后，洪森等人于1978年12月2日成立了一个名为“柬埔寨民族团结救国阵线”的民族解放斗争组织。那一年，洪森刚刚26岁，是阵线中最年轻的领导干部。洪森说，当年12月1日，为了给谢辛起草在阵线正式成立仪式上的讲话稿，他一直忙到凌晨4点。后来，柬埔寨民族团结救国阵线部队接受了越南人民军的战略战术训练，以具备推翻波尔布特—英萨利红色高棉政权的能力。说实话，柬埔寨民族团结救国阵线的确没有足够把握抗击数量众多的红色高棉军队，这一点也促使河内政府下决心派出数万名志愿军帮助柬埔寨民族团结救国阵线军队推翻波尔布特—英萨利种族灭绝政权。

1979年1月7日，柬埔寨人民革命军在越南志愿军帮助下攻占金边，宣布波尔布特—英萨利红色高棉种族灭绝政权已被推翻，人民重新获得自由权利，可以回到家乡或者自己愿意居住的地方。诺罗敦·西哈努克亲王、波尔布特、农谢、英萨利、乔森潘及其盟友以及一部分生活在柬泰边境和国外的柬埔寨人，也包括一些大国都认为 1 月 7 日是越南侵略柬埔寨并将柬埔寨置于自己直接统治之下的日子。基于这种认识，诺罗敦·西哈努克亲王于 1979 年 3 月 5 日与乔森潘举行谈判，建议联合起来反对越南。[①] 尽管如此，韩桑林、谢辛和洪森以及数百万在波尔布特集团杀戮的屠刀下幸免于难的柬埔寨人民却认为，1 月 7 日是将自己生命从死亡边缘拯救出来的日子，是自己重获新生的日子。

解放日后，在一些逃脱波尔布特集团屠杀的知名人士领导下，柬埔寨人民共和国成立，该政府得到了越南社会主义共和国政府和越南志愿军的帮助和支持。

哈里什先生和朱莉女士写道，1979 年 1 月 7 日后，洪森乘飞机来到金边，被任命为外交部长。1 月 8 日，韩桑林被任命为柬埔寨人民革命委员会主席，宾索万被任命为副主席兼国防部长。那一年，洪森年仅 27 岁，是世界上最年轻的部长，而且毫无外事工作经验。后来，洪森公开提到了这个问题。他说，访问苏联期间，在会见苏联官员时，他心里非常紧张。他开玩笑说，由于年轻和紧张，他的心怦怦直跳。会见前，为使自己镇静下来，他使劲跺了几下脚。洪森当时面对这一重要职务确实存在一些困难，但通过自己的努力学习和越南专家的训练，凭着过人的天赋和与生俱来的语言技巧，他很快便在工作中游刃有余，获得了成功，赢得了柬越两国的支持。

---

① （柬）布杰：《1945 年至 2010 年柬埔寨历届政府》（柬文），柬埔寨高棉之光出版社，2006 年 3 月版，第 129 页。

1979年，洪森首次在大会上讲话。（图片来源：柬埔寨资料中心）

1980年，洪森会见印度总理英迪拉·甘地夫人。（图片来源：柬新社）

洪森（中）在会议上讲话，左为谢索，右为贺南洪。（图片来源：柬新社）

洪森家庭

1975 年至 1979 年民主柬埔寨统治时期，洪森与文拉妮的爱情生活辛酸中夹杂着些许甜蜜。第一个孩子夭折后，洪森夫妇短暂相逢。1977 年 10 月 10 日，文拉妮生下了第二个孩子，即洪玛内。

1978 年底，洪森再次离开了妻子文拉妮，从此不知道她是生是死。因为失去了文拉妮的音讯，柬埔寨民族团结救国阵线一些高级干部有意撮合一名女同志与洪森结婚。后来，洪森再次见到了文拉妮和他的二儿子，便与他们一直生活在一起。尽管洪森见到了妻儿，但最初儿子并不认他这个当父亲的，反而称他为叔叔。洪森回忆起那件事时说，儿子称他为叔叔，并且每当他靠近妻子文拉妮时，儿子总是将他赶走，这是继红色高棉政权之后最令他介意和痛苦的事情。三个月后，儿子才开始叫他爸爸。

生下洪玛内后，文拉妮又于 1979 年怀上了第三个孩子。1980 年 9 月 20 日，文拉妮生下了第三个孩子，即长女洪玛娜。1981 年 10 月 17 日，文拉妮又生下一个男孩，即第四个孩子洪玛讷。洪玛讷是在洪森被任命为部长会议副主席（副总理）后出生的。1982 年 11 月 27 日，洪森的妻子又生下了第五个孩子，即洪玛尼。在妻子于 1983 年 12 月 30 日生下第六个孩子洪玛丽后，洪森还收养了一个女孩，取名洪玛莉斯。因此，洪森和文拉妮一共有 6 个亲生子女（其中一名夭折）和一名养女。尽管反对党及其盟友对洪森有这样那样的不满，但国内外支持者都认为洪森不仅是国家高级领导人，更是一位优秀的父亲，他家教严格，教育孩子养成高尚的道德品质，接受良好的教育，用知识为国家社会发展事业作出各自应有的贡献。

洪森的父亲洪宁和母亲迪波。（图片来源：《柬埔寨强人洪森》）

洪森的全家福。左起：洪森长子洪玛内、次子洪玛讷、三子洪玛尼、洪森、文拉妮、次女洪玛丽和长女洪玛娜。(图片来源：《柬埔寨强人洪森》)

洪森家谱

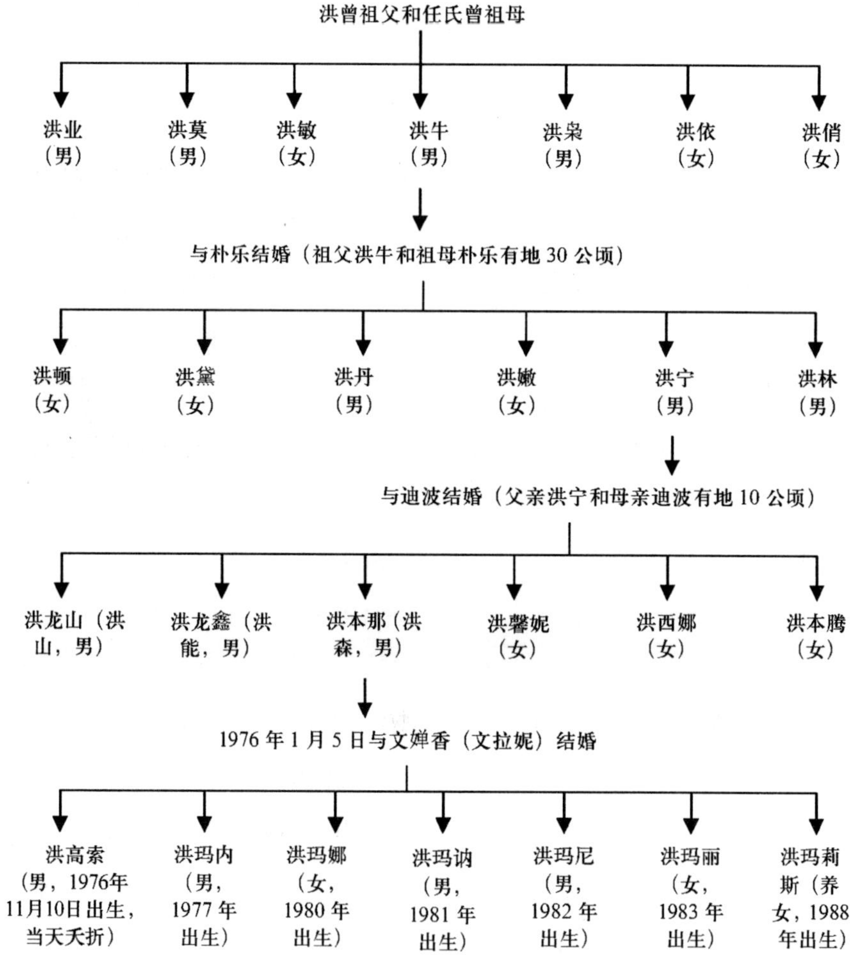

柬埔寨干部自杀越南道歉

1月7日解放日之后，柬埔寨国内出现了一股排华政治运动。一些生活在铁桥头等地的柬华混血儿被金边政权驱离城市，用汽车拉着抛弃在郊外。

1983 年是红色高棉集团和诺罗敦·西哈努克亲王领导的其他抵抗运动对金边政权在国内展开游击战、在国际舞台上展开心理战的一年。

1983 年 5 月的一天，暹粒省发生了一场震惊金边政权和河内政权高层的悲剧，柬埔寨人民革命党暹粒省委书记、省行政委员会副主席秦万塔在自家住宅上层卧室内饮弹自杀。起初，秦万塔属下许多机关、警察、军队部门的工作人员和干部被越南逮捕审问，逮捕令是秦万塔根据越南驻暹粒省情报机构的指示签署的，罪名是勾结红色高棉“国民军”。根据我对部分被逮捕者的采访和一些资料显示，那些被逮捕者受到了越南方面的酷刑折磨。越南士兵将他们五花大绑后塞进空汽油桶，然后从外面猛烈击打汽油桶，巨大的轰鸣声震得桶内的人头晕目眩，部分人当场昏厥。越南士兵还不让被捕者吃饭喝水，并且反绑着他们的双手，将他们两个大拇指绑在一起用绳子牵着吊起来，直至昏厥。为了摆脱酷刑，这些人被迫供认自己暗中勾结红色高棉“国民军”，并且说其他干部也存在这种行为。一名时任暹粒省人民革命委员会副主席并且同样遭到越南人逮捕和严刑折磨的警官说，每次回忆起这个问题，他都吓得毛骨悚然。那名警官告诉我说，每到那个月的那一天，他都会请僧侣到家里来诵帮助人摆脱苦难的经文，祈求自己和家人平安，不再遭遇类似的灾难。

秦万塔的死讯传到了金边柬埔寨人民革命党高级干部谢辛、韩桑林、姜西和洪森耳中。闻讯后，那些高级干部立即讨论并调查事件发生的原因。我对受害者的采访以及越南作家裴信用越南语写成的政治调查记录都证明，黄华少将和越南驻柬埔寨志愿军参谋长胡光辉中了红色高棉的诡计。当时，在暹粒省丛林中打游击的红色高棉分子散布谣言称，暹粒省人民革命委员会政权中的许多人正与红色高棉进行合作，以策应其攻占暹粒省。

有一天，黄华领导的479部队接受了一名叫本农的年轻人的自首，那名年轻人自称曾是暹粒省政权中的一名乡干部，现在为红色高棉做内线。后来，驻扎在暹粒的越南情报机构对本农进行了审问，因为他们正在调查柬埔寨政权中暗通红色高棉的双面人。本农的供述使包括黄华在内的越南情报机构官员深信不疑。接下来，本农被越南人释放并派到红色高棉控制区搜集情报。裴信1993年在《西贡快讯》上发表文章称，大约三周后，本农回来向越南人报告说，红色高棉将向暹粒省北部派出20门迫击炮，以攻打暹粒省会，暹粒省各县和各局内有20多名干部是红色高棉内线。本农告诉越南人说，暹粒省的红色高棉内线在4月份就已经做好了准备，将在红色高棉1984年8月攻打暹粒省时在暹粒省内部搞暴动予以策应。裴信表示，一个星期后，越南军队与红色高棉军队在洞里萨湖附近发生激战。战斗结束后，越南军队俘虏了多名红色高棉分子，其中一人自称是副连长。越南驻金边情报机构赶到暹粒对那些俘虏进行审讯，俘虏们的供述与本农所说基本吻合，更加重了越南情报机构对暹粒省柬埔寨干部的怀疑。于是，他们就在未知会金边柬埔寨人民革命党高级干部的情况下，开始对怀疑对象逐一进行抓捕。

最先遭到逮捕的是农业厅和文化局的两名干部，后来发展到教育厅厅长、交通厅厅长、省直厅局党委副书记、党委书记、省委常委及其他许多人。抓捕行动搞得人人自危，一些人逃到丛林和其他地方躲避抓捕。最终，一队越南士兵乘坐一辆俄罗斯产的营长越野军用吉普车来到秦万塔家中，请他跟他们走一趟。当时，秦万塔问那些越南士兵是否就此事通报了他在金边的上级，为何金边的干部没有通知他。越南士兵回答道，不管有没有（通报其在金边的上级），秦万塔都必须先跟他们走一趟，到了地方就知道了。秦万塔明白，越南人是来逮捕他的，因为他的手下已经于过去一段时间陆续被乘坐营长越野军用吉普车的越南士兵逮捕了。秦万塔没有反抗，只是请越南士兵稍候，随后走进了位于二楼的房间。过了一会儿，突然一间屋子里传出一声枪响，越南士兵急忙跑上去，破门而入，看到秦万塔身穿干净整洁的衣服、系着领带，倒在卧室床上的血泊中。秦万塔用自己的佩枪饮弹自杀了，床头放着他自杀前写的一封亲笔信。在那封信中，秦万塔写道："越南军队的同志们错了，我和我的同志们都是忠诚坚定的革命者。柬埔寨人民革命党万岁！"

得知秦万塔死亡的消息后，金边柬埔寨人民革命党干部随即赶赴暹粒省，越南负责内政、安全、情报和军队监察的高级官员也来到了暹粒省。经过广泛调查和询问后才得知，数十名无辜的人被驻暹粒省的越南情报机构逮捕并施以酷刑。越南高级干部发现，错误出在自己的情报机构身上，是这些懦夫中了红色高棉的诡计，听信了本农的鬼话。裴信接着说，那些情报人员醉心于沽名钓誉，根本不加考虑便随意逮捕柬埔寨干部，并且不经请示上级批准便对柬埔寨干部进行惨无人道的刑讯逼供、禁食、禁水和辱骂，损害了柬埔寨人民革命党和越南共产党的团结关系。为平息柬方的愤怒和不满情绪，越南派越共中央政治局委员、越南人民军总政治部主任朱辉珉将军前来向柬埔寨人民革命党高级干部道歉。裴信回忆道，后来，两名越南将军受到处分，其中一名被降为上校军衔并调离工作岗位。一名在暹粒省直接负责情报工作的上校被开除党籍军籍，调回越南国内，与另外六名军官一起受到了严厉的惩罚。

黄华将军也受到了处分，被撤销越共中央委员职务，降为上校军衔，调回越南国内。

实际上，越南情报机构的目的是想让暹粒省的下级干部指认谢辛、韩桑林和洪森勾结红色高棉“国民军”。

抵抗运动反对金边政权

尽管波尔布特—英萨利领导的红色高棉种族灭绝政权于1979年1月7日遭到了失败，但其在柬泰边境和国内一些山林地区仍有据点。此外，除了诺罗敦·西哈努克亲王，一些1975年之前的前军警高级官员也组建了抵抗运动，反对越南社会主义共和国政府及其盟友苏联共同支持下的柬埔寨人民共和国政府。这些抵抗运动经常袭扰柬埔寨人民共和国控制区以及靠近山林地区和边远地区的居民聚集区，杀害平民，烧毁民房，焚烧市场。那些反政府组织吹嘘道，他们已经消灭了越南侵略军。柬埔寨民族解放运动（简称莫里纳卡运动）由1970年至1975年高棉共和国时期任海军司令的贡西莱和任特种部队上校的聂绍潘创建于1979年8月31日。贡西莱于1975年躲过红色高棉政权抓捕，举家逃往法国。1978年8月，他前往泰国，组建了反对波尔布特政权的运动。后来，他遇到了聂绍潘，两人自1978年起便一同共事。[①]

那时候，莫里纳卡运动控制着一个名为侬占的规模较大的难民营。20世纪80年代初期，莫里纳卡运动坚持加入一个刚刚建立的名为柬埔寨人民民族解放阵线的抵抗运动。1980年8月，贡西莱去世，好像是死于疟疾。之后，莫里纳卡运动便日渐衰落，只能从法国和美国朋友那里得到一些援助。而柬埔寨人民民族解放阵线的影响力则越来越大，控制了柬泰边境地区大多数难民营。1980年1、2月，柬埔寨人民革命军与越南军队联手攻入莫里纳卡运动控制的侬占难民营，莫里纳卡运动溃不成军。后来，越南军队和柬埔寨人民革命军从该地区撤出，因为那里是泰国领土。1981年，贡西莱的搭档聂绍潘也因疟疾去世。

1981年5月，在各个小的抵抗运动特别是曾任朗诺高棉共和国政权总理、也是诺罗敦·西哈努克亲王前敌人的英丹的建议和坚持下，诺罗敦·西哈努克亲王突然同意新组建一个支持他的、名为西哈努克主义民族军的抵抗运动，该抵抗运动被认为具有浓厚的西哈努克主义色彩，英丹被任命为西哈努克主义民族军总司令。聂绍潘去世前，与英丹一直不和。[②]

随着贡西莱和聂绍潘先后于1980年和1981年去世，出生于距离越南边境大约10公里的柴桢省、曾赴法国留学的乔沙利升任莫里纳卡运动主席，出生于波罗勉省的董凯成为该抵抗运动军队指挥官。1983年，乔沙利和董凯宣布，成立于1979年8月的莫里纳卡运动是由西哈努克主义者组成的西哈努克主义民

① 雅克·贝克特：1983年6月5日出版的《曼谷邮报》。

② 雅克·贝克特：1983年8月18日出版的《曼谷邮报》。

族军的一部分，而且董凯与涅本才关系良好。尽管如此，董凯仍然声称，莫里纳卡运动仍将继续奉行贡西莱和聂绍潘制定的政策。董凯曾在诺罗敦·西哈努克亲王执政的人民社会同盟时期和朗诺高棉共和国时期担任警察局长，在波尔布特时期逃到马德望省避难。1979 年 4 月，他又逃到了柬泰边境地区。[①]

西哈努克主义民族军是在吸纳了四个小规模抵抗力量的基础上建立起来的：一是谢初领导的莫里纳卡运动，拥有兵力 700 人和部分群众；二是斯瓦伊顿领导的北方小组，拥有兵力 570 人；三是英萨坎领导的高棉吴哥解放运动，拥有兵力 160 人；四是敦佳领导的克良孟运动，拥有兵力 550 人。为了壮大各自的声势，他们那些军队似乎都有些臃肿。在 1983 年 6 月 5 日出版的曼谷邮报上，作家雅克·贝克特写道："按照诺罗敦·西哈努克亲王的说法，当前西哈努克主义民族军有 5000 人已经配备了武器，还有 5000 人正在接受训练，等待配备武器。"雅克接着说，这支军队接受了两个东盟国家的训练，但他没有说出这两个国家的名字。后来，在东盟各国的鼓励下，西哈努克亲王建立了一个名为奉辛比克阵线的抵抗运动。这一抵抗运动由大约 100 名流亡国外的成员于 1981 年 2 月在法国巴黎成立。[②] 雅克·贝克特还写道，西哈努克主义者是由五个不同的组织构成的：一是"高棉灵魂"运动，二是"黑鹰"运动，三是"民族主义者"运动，四是莫里纳卡运动，五是"蓝牙白象"运动。不仅如此，已经是西哈努克主义者的西哈努克主义民族军也于同年 3

① 雅克·贝克特：1983 年 8 月 24 日出版的《曼谷邮报》。

② 根据奉辛比克党章程，奉辛比克阵线是西哈努克亲王于 1981 年 3 月 21 日在朝鲜民主主义人民共和国首都平壤宣布成立的。——译者注

月加入了奉辛比克阵线。

洪森在一部著作中写道，当时在东盟范围内，新加坡是主张“对越南和柬埔寨实行经济制裁”论调最高的国家，而它恰恰又是和柬埔寨、越南做生意最多的国家，甚至泰国出口到越南、柬埔寨的商品，越南、柬埔寨出口到泰国的商品，都是通过新加坡商人之手完成的。[①] 洪森写道，那一时期，“如果没有泰国，波尔布特集团一天也撑不下去。”[②]

后来，生活在法国的殷莫利也加入了宋双和丁代尔领导的高棉人民民族解放阵线。关于奉辛比克运动，雅克·贝克特还写道，1983 年 5 月 19 日，诺罗敦·西哈努克亲王写信给他的儿子——正在法国生活和教授法律的诺罗敦·拉那烈，让他到曼谷担任自己驻柬埔寨和亚洲的私人代表，西哈努克亲王还于 6 月 7 日写了另外一封信，明确了诺罗敦·拉那烈的职权。[③] 当时，诺罗敦·拉那烈已经育有三个孩子，并担任西哈努克亲王《快递高棉》新闻公报的主编。

1982 年，三大抵抗运动共同组建了三方联合政府，这三大抵抗运动包括：第一，波尔布特、英萨利、乔森潘和农谢领导的民主柬埔寨；第二，宋双领导的高棉人民民族解放阵线；第三，西哈努克亲王直接控制、诺罗敦·拉那烈领导的奉辛比克阵线。该联合政府采用了红色高棉政权的名字，命名为“民主柬埔寨联合政府”，诺罗敦·西哈努克亲王任主席，乔森潘和宋双任副主席。三方联合政府成立后，联合国立即予以承认，并

---

①② （柬）洪森：《柬埔寨十年 1979—1989》（柬文），柬埔寨诺宝潘出版社，1988 年版，第 154 页、第 156 页。

③ 1983 年 8 月 15 日出版的《曼谷邮报》。

直接将柬埔寨在联合国的席位移交给该联合政府。尽管如此，三方联合政府在联合国的代表仍然是红色高棉的官员。柬埔寨在联合国席位的转移引起了韩桑林、谢辛、姜西和洪森领导的柬埔寨人民共和国政府的不满，它认为是自己将柬埔寨人民从波尔布特—英萨利种族灭绝政权统治下解放了出来，但联合国非但不承认柬埔寨人民共和国，反而支持红色高棉种族灭绝集团参与的三方联合政府。

尽管波尔布特—英萨利集团从1976年底到1979年1月6日这段时间内软禁了西哈努克亲王，并杀害了多名王室成员，而且英丹集团和其他一部分人还是参与1970年3月18日废黜西哈努克亲王国家元首职务的共和分子，但是诺罗敦·西哈努克亲王仍然需要团结他们共同推翻柬埔寨人民共和国，将越南军队赶出柬埔寨。

1982年初，三方联合政府成立后，柬埔寨人民共和国军队与越南人民军联手攻入了宋双领导的高棉人民民族解放阵线位于柬泰边境地区的营地，造成部分军人和平民伤亡。1983年6月14日，诺罗敦·西哈努克亲王指责自己的抵抗运动伙伴——红色高棉领导的民主柬埔寨正在将三方联合政府引向消亡。当天在巴黎与法国外长克劳德·谢松会晤后，诺罗敦·西哈努克亲王表示，他正在等待民主柬埔寨就他提出辞去三方联合政府主席职务请求的答复。西哈努克亲王之所以提出辞职，是因为民主柬埔寨坚持认为韩桑林、谢辛和洪森领导的柬埔寨人民共和国方面是叛国者，因此坚决反对西哈努克亲王提出的通过举行柬埔寨冲突各方参与的大选实现国家统一的计划。尽管如此，诺罗敦·西哈努克亲王仍然是三方联合政府主席，因为民主柬埔寨方面拒绝了西哈努克亲王的辞职请求。此外，无论是西哈努克亲王，还是红色高棉民主柬埔寨方面的领导人，在这艰难时刻，双方都互有需求。西哈努克亲王需要红色高棉民主柬埔寨方面数量众多的军队与他们共同的敌人作战，而红色高棉需要西哈努克亲王为他们在国内、本地区和国际舞台上的政治和外交利益服务，也就是说，这两张牌都是有用的。那一时期，尽管三方抵抗力量共处于三方联合政府的屋檐下、拥有推翻柬埔寨人民共和国政权的共同目标，但他们之间经常内讧，特别是其他两方经常遭受军队数量最多的红色高棉民主柬埔寨的攻击。抵抗力量三方之间的内讧旨在使自己一方占领更多控制区，获得比合作伙伴更大的影响力，从而引起外国关注，获得更多援助。

第四章　1985年至1991年

大器早成洪森权力登顶

1979年1月7日解放日的六年后，年仅33岁的洪森被任命为柬埔寨人民共和国部长会议主席，这一任命打破了当今世界和柬埔寨历史上最年轻总理的纪录。1985年任命洪森为部长会议主席的决定，是在部长会议主席姜西病逝后作出的。为了达到离间柬埔寨人民共和国政府和河内共产党政府关系的目的，抵抗运动借机宣传说，姜西是秘密死亡的，可能是被越南注射毒药杀害的。尽管他们这样宣传，但并没有确切证据。柬埔寨人民共和国国家广播电台宣称，姜西确系因病去世，并非如敌人欺骗性宣传所说的那样。

在那一时期，重建遭到波尔布特红色高棉集团破坏的基础设施，是摆在新任部长会议主席兼外交部长洪森面前的艰巨任务，而丛林里的红色高棉残余力量与其他抵抗组织合流，经常实施偷袭。与此同时，西方国家不仅对洪森政府进行经济制裁，而且拒不承认洪森政府在联合国的席位。

姜西是1981年接替宾索万出任部长会议主席的。宾索万

1981 年 6 月 27 日当选柬埔寨人民共和国部长会议主席①，1981 年底被捕并遭到囚禁。

宾索万　　姜西　　洪森

（摄影：埃斯·斯贝卡）

宾索万被逮捕个中缘由

1981 年 6 月 27 日，宾索万开始担任柬埔寨人民共和国部长会议主席。同年 12 月 5 日，兼任柬埔寨人民革命党（现称“柬埔寨人民党”）总书记的宾索万被自己的属下和越南顾问逮捕并送往河内，度过了长达十年零五十二天的囚禁生涯。宾索万之所以被捕，与背叛党、背叛人民的指控有关。十年多后，宾索万被越南释放，重获自由。回国后，他回到自己的家乡茶胶省生活，并重新申请加入柬埔寨人民党，但由于种种原因遭到拒绝。后来，他组建了自己的政党，以参加大选角逐首相宝座。

① （柬）布杰：《1945 年至 2010 年柬埔寨历届政府》（柬文），柬埔寨高棉之光出版社，2006 年 3 月版，第 130 页。

他的政党从未在任何一次大选中获胜，于是他又加入了其他非柬埔寨人民党盟友的政党。

2002年，在与部分群众见面时，宾索万再次声明，他是呼吁建立推翻红色高棉政权政治力量的倡导者。他还说，波尔布特种族灭绝政权倒台后，他尊重自己国家的领土完整，不允许别国统治柬埔寨。在我收到的录音带中，宾索万间接表达了自己对越南的感谢。他说："感谢友好国家于1月7日推翻了红色高棉政权，将柬埔寨从血泪中拯救了出来……但是他们也给柬埔寨套上了枷锁，将柬埔寨视为其殖民地，以便对柬埔寨实施统治。"在我采访宾索万的过程中，曾于1971年同英萨利和英蒂莉密切合作过的宾索万回忆道，他坚决反对做越南的卫星国，反对"越南统治柬埔寨的野心"，反对"一些卑躬屈膝的极端主义者欲将柬埔寨置于别国统治之下的做法"。宾索万毫不避讳地说，那个时期，"正是我的同事们导致了我的不幸"，因为他们采取了"机会主义和极端主义行为，想在党内谋取高位，并且想让外国统治柬埔寨"，他们"感激外国，因为外国能让他们加官晋爵，因此他们转而欺压自己的人民"。他接着说，由于他的反对，"机会主义和极端主义"政客就指责他是反越分子，"具有极端民族主义思想"。提起过去不堪回首的记忆，他的话语中饱含着痛苦。

宾索万担任部长会议主席期间也是柬埔寨最脆弱的时期，国家刚从红色高棉种族灭绝政权统治下解放出来，诺罗敦·西哈努克亲王领导的抵抗运动与红色高棉集团正千方百计采取军事、政治手段在柬埔寨国内和国际舞台上进行各种形式的颠覆和破坏活动，以达到分裂、推翻柬埔寨人民共和国政权的目的。

那时，宾索万与越南驻柬埔寨民族团结救国阵线顾问团主席黎德寿和柬埔寨人民共和国政权产生了矛盾，因为宾索万想在军队中组建由自己掌握的师①。关于那个时期宾索万的领导能力问题，洪森在 2011 年 11 月初亲自写信回答了这个问题，并通过新闻部大臣乔坎纳烈交给我。洪森在信中指出："正是由于宾索万领导无方……"

乔坎纳烈当时也是柬埔寨人民革命党党员，他告诉我说，宾索万被逮捕，有两个很重要的原因：第一，宾索万在柬埔寨人民革命党中支持率不高。他没有可供自己直接指挥的军队，因为他是越南政府任命的。在柬埔寨人民革命党尚不强大，军队数量不足，而且还要抗击红色高棉种族灭绝势力反扑的情况下，宾索万却想让越南志愿军撤出柬埔寨。在国家刚刚获得解放、局势依然十分脆弱的情况下，宾索万表现出了极端民族主义思想，一上台便不允许越南军队驻扎在金边及全国各省会城市。第二，宾索万不相信自己的干部，极力拉拢知识分子以组建自己的新团队，旨在分裂革命力量，这一行为与波尔布特最初的政策如出一辙。乔坎纳烈说，这是宾索万当时犯下的最大政治错误，他与柬埔寨人民革命党大多数党员都合不来，却要求担任党的总书记，还要掌握国防和其他重要权力。根据乔坎纳烈的说法，有一天，宾索万命令军队包围谢辛的住宅，因为他怀疑谢辛是波尔布特红色高棉集团的人。这一行为引起许多柬埔寨人民革命党党员心中不快。乔坎纳烈表示，当时，只有洪森支持和尊重宾索万，即使在宾索万被捕后也是如此。柬埔

① http：//en. wikipedia. org/wiki/Pen_Sovan

寨的一些政治分析家对此也持与乔坎纳烈相似的观点，即宾索万似乎忘了，波尔布特集团就是在自己内部尚未巩固的情况下一味反对越南才遭到失败的。那时的宾索万似乎过分急于显示自己的反越立场，但越南是他曾经生活和学习过的地方，也是他意识形态和政治观形成的地方，而且他还娶了一位越南高层领导人的女儿为妻。另外，被人们普遍认为是印度支那（柬埔寨、越南、老挝）共产主义运动中一名活跃分子的宾索万，在掌权之后很快表现出了急于求成的倾向，但他忘了自己的权力是越南赋予的。当时，越南还不想让柬埔寨独自领导自己的国家，因为柬埔寨人民共和国政权的力量尚不足以与红色高棉军队相抗衡。如果越南不管不顾的话，与其势不两立的红色高棉可以轻而易举地重新从柬埔寨人民共和国手中夺回政权。因此，别说越南了，就连派兵攻打阿富汗和伊拉克等国的美国及其北约盟友，好像也都是这么做的。在这一点上，一些柬埔寨政治分析家说，宾索万领导无方，思想僵化、保守而极端，不考虑国内外时机是否成熟，最终导致自己被捕，连累属下也失去了继续为国家服务的机会。在回应宾索万关于"洪森是前往抓捕自己的人"的指责时，洪森曾表示："怎么劝他他都听不进去了，不抓怎么行呢。"

继宾索万1981年底被捕、姜西1985年逝世后，洪森接任部长会议主席职务。当时，尽管红色高棉政权已经倒台，其残余势力已经逃离城市，但其组织体系依然健全，以柬泰边境山林地区为据点，指挥其军队对越南政府和军队支持下的洪森军队进行频繁偷袭。联合国仍然继续承认三方联合政府为代表柬埔寨的合法政府，并将柬埔寨在联合国的合法席位留给了三方联合政府。由于工作任务越来越繁重，为了能集中精力处理好重大事务，洪森于 1986 年辞去兼任的外交部长职务，将其交给了贡观[①]。

洪森启动与反对派谈判

鉴于国家正处于和平与战争并存的局面，洪森有意为全国寻求和平，但和平只有在柬埔寨冲突各方相互妥协的条件下才能实现。那个时期，洪森领导的柬埔寨人民共和国处于高度戒备状态，因为如果稍有疏忽，红色高棉集团就可能使种族灭绝政权在柬埔寨死灰复燃，而最容易受到侵害的正是那些生活在红色高棉控制区附近的人民。洪森在他的一部著作中写道："我们不能拿人民的性命当儿戏，同意波尔布特继续拥有武装，恢复他们的制度，来测试他们是否真的不再滥杀无辜。虽然波尔布特集团因遭到柬埔寨其他政党的抵制无法夺取全部政权，但他们仍想在波尔布特控制区建立这种制度。"[②] 洪森表示："谁都知道，除了柬埔寨人民共和国和支持它的国家外，没有人真正反对波尔布特，也没有谁真正有实力抗拒波尔布特。有的人想用捆住反对波尔布特人的手脚的办法来消灭波尔布特。"[③]这一点表明，只有柬埔寨人民共和国为数不多的盟友，尤其是越南和前苏联，才是真正和柬埔寨人民共和国站在一起的。因此，必须举行寻求柬埔寨和平的谈判。但在谈判前，不仅柬埔寨人

---

① 贡观，后来成为反对洪森的桑兰西党副主席。

②③ （柬）洪森：《柬埔寨十年 1979—1989》（柬文），柬埔寨诺宝潘出版社，1988 年版，第 437—438 页、第 450 页。

民共和国所处的外部环境非常紧张，柬埔寨人民共和国内部也出现了尖锐紧张的局势。那一时期，柬埔寨人民共和国一些高级干部完全不同意举行谈判。因为他们认为，与对手相比，柬埔寨人民共和国正在战场上占据着优势，一些干部甚至怀疑洪森会重蹈宾索万1981年的覆辙。然而洪森多次在会上不遗余力地向他的干部们解释寻求谈判的众多理由，并成功说服了越南。如果不进行和平谈判，敌人的游击战和伏击战就会旷日持久地进行下去，干扰国家重建事业，尤其是更多的人民将会因此继续失去生命。此外，洪森还保证，如果谈判成功，胜利属于整个柬埔寨人民共和国；一旦谈判失败，耻辱只属于洪森个人。正因为有如此充分的理由，全体干部才对洪森的谈判建议投了信任票。至于外部环境，许多国家和联合国都要求柬埔寨人民共和国在政治和军事上对波尔布特红色高棉集团作出让步。

1985年至1993年间，外国媒体经常报道关于柬埔寨人民共和国和柬埔寨国干部们之间互不信任的消息，最初是谢辛和赛布通之间的矛盾，之后是谢辛和韩桑林之间的矛盾，最后是谢辛和洪森之间的矛盾。令人对谢辛和洪森之间矛盾越发猜疑的一件事是，柬埔寨人民革命党掌控的一份大报——柬埔寨报的主编乔坎纳烈被停职。不仅如此，1989年，党内一些干部还怀疑乔坎纳烈与交通部部长翁潘合谋，联手西哈努克主义者的抵抗运动，建立反对柬埔寨国政权的组织。乔坎纳烈告诉我说，尽管他当时并未遭囚禁，但却被禁止出国。他还说，要不是洪森出面干预，他真不知道自己的命运会怎样。乔坎纳烈是洪森的朋友，也是洪森的亲密盟友。当时，乔坎纳烈经常向西方国家媒体和泰国记者发表评论，那些外国媒体记者对柬埔寨人民共和国的政策进行了批评。许多外交官表示，谢辛是乔坎纳烈被停职的幕后主使，还说撤销与洪森关系亲近人士的职务，是向洪森发出的一个信号。[①] 尽管如此，洪森仍然否认自己与谢辛有矛盾。

2011 年 9 月 5 日，已是新闻部大臣的乔坎纳烈在其办公室里告诉我说，当时他之所以被停职，是由于他接受了苏联媒体的采访，而那些媒体却批评经济不发达的共产党国家的一些政策。他反问道，如果一切都属于党，属于合作社，不属于私人，国民经济又如何能够发展？乔坎纳烈表示，1985 年，洪森和他面临一个巨大挑战，他们要求进行宪法改革，将国有经济转变为自由市场经济，使人民拥有土地和房屋所有权。这种要求确实面临很大风险，因为它与共产党的经济政策完全背道而驰。在越南共产党和苏联共产党的政策和具体实践中，国家是一切财富的管理者和所有者。此外，洪森还反对向为柬埔寨人民运送援助物资的飞机征税。一些干部要求那些飞机在波成东国际机场降落时要缴税，但洪森不同意这样做。他质问道，人家是来为柬埔寨人民送援助的，我们却让人家缴税，这说得过去吗？上述要求和反对意见着实令柬埔寨人民革命党内一部分保守派干部内心大为不满。

1987 年，在柬埔寨人民共和国政府与三方抵抗力量展开寻求国家和平的谈判后，部长会议主席洪森重新兼任外交部长。在当时的情况下，洪森兼任外交部长职务确实为柬埔寨人民共

---

① （印度）哈里什 · C · 梅塔、朱莉 · B · 梅塔：《柬埔寨强人洪森》，新加坡格雷汉姆 · 布拉斯出版公司，1999 年版，第 97—98 页。

和国政府和他本人与以西哈努克亲王为首的三方抵抗力量领导人进行谈判带来了许多便利条件。此外，柬埔寨人民共和国政府的干部似乎没有谁比部长会议主席洪森反应更敏锐、更擅长言辞和拥有语言天赋。国内外许多人公认，部长会议主席洪森是个勇敢的人，他敢于在第一时间向对手特别是三方抵抗力量政府作出快速反应。

柬埔寨人民共和国高级干部与越南方面达成一致后，洪森于1987年12月2日同诺罗敦·西哈努克亲王在法国费尔昂塔德努瓦镇举行了首次谈判。那次谈判同样充满着紧张气氛，经常无法取得成果。有一次，刚下飞机，洪森就拔出手枪朝天射击，以发泄自己内心的愤怒。由于与对手的谈判没有取得任何好的成果，柬埔寨人民革命党内一些干部对谈判结果表示不满，洪森思想上非常郁闷，所以谈判回来后一下飞机就发生了朝天鸣枪的事情。

在1989年4月29日至30日举行的国会会议上，柬埔寨人民共和国的国会议员们将国名改为柬埔寨国。在柬埔寨冲突各方表现出谈判的倾向后，一批泰国商人急忙与洪森联系到拜林勘探宝石矿事宜，希望与柬埔寨做生意，但柬埔寨人民革命党部分党员干部不同意，因为那些干部过分拘泥于共产党的政策，不愿看到柬埔寨国内出现外国投资。1989年10月22日，越南军队撤出柬埔寨，红色高棉军队从洪森政府军手中夺取了拜林。在这一点上，乔坎纳烈说，拜林当时如果有泰国投资的话，就不会落入红色高棉手中。

关于红色高棉军队攻占洪森政府控制区一事，乔坎纳烈说道，1985年，波尔布特将军事力量分散部署于全国，进行偷袭和伏击，并曾短时间占领过洪森政府控制区，这是红色高棉集团为了在军事层面为自己在国内和国际舞台上加分而采取的干扰战略。乔坎纳烈告诉我说，如果波尔布特将大部分力量集中于自己的根据地，并静候越南1989年从柬埔寨撤军的话，除了拜林之外，红色高棉似乎还可以夺取更多的地区。乔坎纳烈声称，正是由于红色高棉的伏击战，洪森政府军才学到了因应之策并积累了经验。他表示："这些都成为洪森军队有效应对游击战的经验。"

西哈努克亲王和洪森部长会议主席之间的谈判在欧洲和亚洲频繁举行，包括正式会议和非正式会议，在雅加达举行过两三次非正式会议。2005年8月31日，通过筹备《雅加达邮报》的晚宴，我见到了印度尼西亚前外长阿拉塔斯。他告诉我和一些国外媒体记者说，除了国际社会，东盟尤其是印度尼西亚在地区范围内为柬埔寨和整个东南亚地区的和平作出了积极努力。正是由于这个原因，印度尼西亚才在雅加达为柬埔寨冲突各方举行非正式会议提供了场地。最终，柬埔寨冲突各方代表于1991年10月23日签署了巴黎和平协议。阿拉塔斯说，在谈判时期，尽管洪森是柬埔寨冲突各方中年龄最小的领导人，但他发现，洪森是"聪明而且懂得变通"的人。阿拉塔斯断言："这个人一定能够长期领导国家。"他表示，他曾经赞扬诺罗敦·西哈努克亲王是亚洲地区杰出领导人中的优秀分子，但洪森也不简单。尽管洪森自身很年轻，且政治经验少于西哈努克亲王、宋双以及红色高棉领导人，但他能够毫不退缩地面对那些人，这一点证明他一定具有与生俱来的天赋，而这种与生俱来的天赋在人类社会中是极其难得的。

曾经大肆批评洪森的泰国外长甲西·披龙耶（2006年至2011年7月底在任）回忆起洪森在20世纪80年代与冲突各方谈判时表现出的才干时说：“洪森是个聪明人，也是个不错的人。”2011年9月19日，在他位于曼谷的办公室里，当我问及“您如何看待1989年谈判时的洪森”这一问题时，他回答说洪森是个“聪明人”，表示尽管1989年时“洪森不像宋双、诺罗敦·拉那烈、宋叔伯那样拥有大学文凭，但却比那些人都聪明、厉害和敏锐。凭借这种天资，洪森注定是个具有高尚道德情操的杰出人物”。20世纪80年代末，甲西·披龙耶是参加柬埔寨冲突各方谈判的泰国代表团团长。

2011年6月23日，亚洲—德国对话论坛在新加坡举行，我应邀出席并做嘉宾。东盟前秘书长、新加坡东南亚研究所东盟研究中心主任鲁道夫·塞维里诺也表示，20世纪80年代初期，东盟6个成员国——新加坡、印度尼西亚、马来西亚、文莱、泰国和菲律宾对解决柬埔寨国内冲突、促使越南从柬埔寨撤军、促成1993年大选、实现柬埔寨国家统一发挥了重要作用。印度尼西亚作为东盟各国的代表，与作为印度支那三国（越南、柬埔寨和老挝）代表的越南进行了谈判，确实为当时柬埔寨问题的解决发挥了重要作用。这次谈判不单是为了柬埔寨的和平，更是为了整个东南亚地区的和平。许多国家特别是一些大国都卷入了柬埔寨的冲突，包括中国、越南、美国、英国及其盟友，柬埔寨和泰国成为这场冲突的前沿阵地。在柬埔寨冲突各方寻求和平的过程中，尽管相继举行了一些会议，但会前会后一直口水战不断。西哈努克亲王说洪森是越南傀儡，红色高棉集团说洪森是叛国者，洪森也直言不讳地作出回应，公开表示西哈努克是红色高棉的同伙。在接受位于澳大利亚佩斯的科廷科技大学社会学系讲师周梦塔女士采访时，洪森说：“从 1975 年至 1979 年，西哈努克起来反对红色高棉了吗？不，他没有。只有韩桑林、谢辛和我发起了反对红色高棉的战争。西哈努克一直都与红色高棉在一起，我想强调这一点，让所有生活在国外的高棉人都知道。”洪森表示，有人指责他的政府腐败，但如果将洪森政权与 1970 年前的西哈努克政权以及 1970 年至 1975 年的朗诺政权相比较的话，后两个政权的部长在银行里有存款、在国外有房产，而他的部长们则没有。

尽管会议前后口水战不断，但柬埔寨人民在柬埔寨国控制的国家电视台的画面中看到，西哈努克亲王和洪森之间的关系似乎非常亲密，形同父子。在国际社会的推动下，柬埔寨冲突各方均展现出了和平诚意，于 1991 年 10 月 23 日在法国巴黎签署了和平协议。18 个国家在协议上签字，许多问题得到了解决，我谨简要列出其中几点：

1. 冲突各方停火；
2. 释放政治犯；
3. 越南军队全部撤出柬埔寨；
4. 举行大选组成制宪会议；
5. 成立新政府；
6. 安排难民回国；
7. 允许联合国驻柬临时权力机构进驻柬埔寨。

联合国驻柬临时权力机构由巴黎和平协议 18 个签字国派出的维和部队和文职官员约两万人组成，开支超过 28 亿美元。该机构进驻柬埔寨前，一个名为联合国驻柬先遣团的任务小组提前抵达柬埔寨，以保护联合国驻柬临时权力机构人员和柬埔寨全国最高委员会成员的安全。柬埔寨全国最高委员会成员来自冲突四方，即洪森领导的柬埔寨国、拉那烈领导的奉辛比克阵线、宋双领导的高棉人民民族解放阵线和乔森潘领导的红色高棉民主柬埔寨，诺罗敦·西哈努克亲王是中立于冲突各方的全国最高委员会主席。

洪森（图片来源：《金边邮报》）

1980年，乔坎纳烈（右）与外宾在一起。（图片来源：柬新社）

和平谈判时的洪森（左）和诺罗敦·西哈努克亲王。(图片来源:《柬埔寨强人洪森》)

洪森与西哈努克亲王会晤，寻求柬埔寨问题的和平解决。（图片来源：http：//www. corbisimages. com/stock – photo/rights – managed/000231621 – 006/prince – norodom – sihanouk – and – hun – sen – in)

在法国举行的寻求柬埔寨和平的会议上，洪森（右）、西哈努克亲王（左）和法国前外长杜马合影。（图片来源：法国国际广播电台主页资料库）

和平谈判。前排就坐者左起依次为：宋双、西哈努克亲王、洪森。（图片来源：《柬埔寨强人洪森》）

洪森在记者招待会上就柬埔寨政治形势的发展变化发表讲话。（图片来源：柬新社）

西哈努克首次返回金边

巴黎和平协议签署后，一切都在按既定计划执行。1991 年 11 月 14 日，柬埔寨国总理洪森前往中国北京迎请诺罗敦·西哈努克亲王回国。洪森军队和越南军队 1979 年 1 月 7 日攻入金边的前一天，西哈努克亲王搭乘中国专机离开了柬埔寨，这次回国是他阔别故土 12 年后首次返回金边。值得回忆的是，1979 年 1 月 6 日下午，中国一架波音 707 飞机降落在波成东机场（金边国际机场），接上西哈努克亲王和中国及其他国家的外交官一同离开了金边。①

西哈努克亲王回国当天，洪森和柬埔寨国政府官员为他和莫尼列王后举行了热情的欢迎仪式。学生和民众在从机场到王

① （美）纳扬·昌达：《兄弟成仇：战后之战》，纽约麦克米伦出版公司，1986 年版，第 316 页。

宫的道路两侧夹道欢迎，我当时也站在欢迎队伍中见证了西哈努克亲王回国的过程，因为我也想亲眼目睹一下西哈努克亲王的龙颜。洪森和西哈努克亲王并肩站在一辆汽车上，高兴地向道路两侧欢呼的民众挥手致意。那天是金边民众最开心的一天，因为他们认为，柬埔寨必将迎来全面和平，并认为高棉国家君主再次登基是国家安全和繁荣的象征。到了晚上，柬埔寨国电视台播放了自己制作的西哈努克亲王和王后在洪森和柬埔寨国多名高级官员陪同下回国的特别节目。在镜头前，采访者听到西哈努克亲王称呼洪森、韩桑林、谢辛及柬埔寨国其他一些官员为“阁下”。从那时起，柬埔寨人民就经常听到“阁下”这个称呼了。值得一提的是，1987 年 5 月 7 日，诺罗敦·西哈努克亲王宣布辞去三方联合政府主席职务，表示他本人与奉辛比克运动及其他政治派别再无关系，以便在大选前以临时国家元首的身份中立地代表柬埔寨。西哈努克亲王回国前，洪森指示柬埔寨国财政部拨款数万美元对王宫内西哈努克亲王的住所进行了修缮，使其与西哈努克亲王冲突各方中立主席的地位相称。

西哈努克亲王被安顿好后，抵抗运动的其他领导人，如奉辛比克阵线主席诺罗敦·拉那烈、高棉人民民族解放阵线主席宋双及一些红色高棉干部也回到了金边，这也是巴黎和平协议内容的一部分，协议要求各方代表前往金边和其他各省参加联合国驻柬临时权力机构组织的大选。

1991 年 11 月 14 日，洪森（右）与西哈努克亲王携手并肩站在一辆汽车上，接受民众对西哈努克亲王回国的夹道欢迎。(摄影：约翰·宾克，发表于《柬埔寨日报》)

洪森政府仍然高度戒备

鉴于红色高棉集团屡次违反巴黎和平协议规定特别是联合国驻柬临时权力机构的停火协议，柬埔寨政治和军事形势仍然充满危险，洪森和柬埔寨国政府一直保持着高度警惕。1992 年，红色高棉军队焚烧了边远地区无辜百姓的房屋，令洪森及其领导的政府更加警惕，因为当时，1979 年初进驻柬埔寨的越南志愿军已经按照巴黎和平协议规定全部撤出了柬埔寨，柬埔寨国政府的力量较前有所削弱，对红色高棉以及民主柬埔寨联合政府中其他抵抗运动来说可能是一次绝佳的反攻机会。1990 年 3 月 5 日，洪森签署了关于报名参军履行国防义务的第 10 号柬埔寨国政府总理令，要求18岁至30岁的公民报名服兵役，17岁的公民报名参加预备役。除残疾人、正被法院审判的人和正在狱中服刑的罪犯外，所有符合条件的人均须报名。洪森在一部著作中写道："尽管已经推翻了波尔布特政权，但是战争并没有完全结束。在国际上，帝国主义扩张主义和反动的霸权主义还在插手柬埔寨战争，柬埔寨独立还面临威胁，我们必须进行战争，保卫祖国。"① 那时，我也参加了兵役登记，1986年和1997年，我和端边学校（现名西索瓦中学）的同学接受了军事教官关于部分枪械使用方法的训练，如AK47步枪和手枪，还有军队的紧急拉练。这些训练是为了使我们对军队有所了解，因为那个时期被认为是"全民皆兵"的时代。

在政治形势不断发展变化的阶段，洪森政府没有忘记社会上存在的消极问题。文化之光运动被发动起来，这是一场旨在消除文盲的运动，口号是"多知者教少知者、少知者教无知者"。高中学生被要求在晚上到老百姓家里教不识字的老人，我也在金边市内自己所在社区参加了教老人识字的活动。

反对洪森政府的抵抗运动分子指责洪森在1985年至1989年间发动了A5运动，称该运动导致数千名柬埔寨公民死亡。洪森后来回应说，A5运动就是抗击抵抗运动分子、特别是阻止红色高棉种族灭绝政权死灰复燃的运动。他表示，如果没有红色高棉集团和其他盘踞在丛林中、总是偷袭政府控制区的派别，就不会有A5计划。

A5计划，即柬埔寨人民共和国五年（1985—1989年）国防

① （柬）洪森：《柬埔寨十年1979—1989》（柬文），柬埔寨诺宝潘出版社，1988年版，第479页。

计划，重点是砍伐柬泰边境地区和国内一些地区的森林，破坏红色高棉集团和三方联合政府中其他抵抗运动分子的藏身之所和向国内渗透的通道。A5 计划执行过程中，我和端边学校的同学也在干丹省木贡布县参加了砍伐森林的活动，因为红色高棉集团曾经藏身在那里，伏击并烧毁了周围地区的民房，还向金边郊区开枪。砍伐森林之前，排雷小组会事先对森林内埋设的地雷进行探测和排除，以确保砍伐者的人身安全。

1985 年旱季，柬埔寨人民共和国政府对三方联合政府力量展开了大规模清剿行动。三方抵抗运动经常在国际上对柬埔寨人民共和国政权进行政治和外交攻击，还伏击和烧毁了部分地区无辜平民的房屋，并且一再宣称，自己破坏了越南鬼子的财产。那一时期，生活在柬埔寨人民共和国政府控制区的人民也遇到了一些麻烦，他们被三方联合政府视为“长着越南人脑袋、高棉人躯干的坏分子”，而柬埔寨人民共和国一些地方政府则怀疑他们是三方抵抗力量中某一派别的内奸。

从 1986 年起，洪森政府对自己的经济政策进行了多项改革，从计划经济转变为自由市场经济。从那一年起，柬埔寨公民和学生可以学习外语特别是英语，再也不用像前些年那样偷偷摸摸地学习了。这次改革还对外国投资和国际对柬援助敞开了大门。此外，柬埔寨公民特别是金边市民在土地所有权问题上感到比以前更加开心、更加自由和更加舒适，特别是国家将城市住房所有权授予个人和每一户家庭，这与之前一切属于党和国家的情况截然不同。

那一阶段，洪森政府正致力于经济社会改革。洪森写道，当时正处在保卫祖国、恢复和稳定社会经济、为过渡阶段初期的社会经济发展创造前提的阶段。这个阶段“要求有一个民族民主性质的政治纲领，集中所有人力、智力和物力，保卫祖国，恢复经济。这项任务需要很长的时间才能完成”。① 他表示：“柬埔寨人民共和国已经决定在实现政治解决之前迈步前进了。航船需要沿着既定的航线前进，但是允许新的乘客中途上船，让它行驶得比以前更快。驾驶过船的人，不会傻傻地等待别人为自己掌舵。”②此外，从1979年至1989年的十年间，柬埔寨人民共和国和柬埔寨国对管理体制和工作方式进行了许多改革。在这一点上，洪森写道，启动这项改革旨在“跟上形势的发展，如果我们还是用官僚主义的方法和臃肿的行政机构进行工作，经济改革是难以进行的”。③值得回顾的是，柬埔寨人民共和国政权在1989年4月29日至30日举行的国会会议上决定将国名改为柬埔寨国。

旨在消除文盲的文化之光运动。（图片来源：柬新社）

①②③ （柬）洪森：《柬埔寨十年1979—1989》（柬文），柬埔寨诺宝潘出版社，1988年版，第480页、第478页、第482页。

1990 年，洪森（中）与柬埔寨国的军官们在一起。（图片来源：《金边邮报》）

乔森潘返金边头破血流

按照原定计划，诺罗敦·西哈努克亲王和其他抵抗运动领导人在联合国监督下安全、顺利地返回金边后，红色高棉领导人也返回了金边。但与同为柬埔寨全国最高委员会委员的其他抵抗运动领导人不同的是，红色高棉领导人这次返回金边显然是一次惨痛的教训。1991 年 11 月 28 日，乔森潘、宋成和另外两名红色高棉领导人乘飞机由曼谷飞抵金边。美国之音电台播发了乔森潘抵达金边的消息。11 月 28 日上午，这条消息在金边不胫而走，我在餐馆里和路上也听一些人说道，红色高棉头子今日回国，可能要发生反对他们回国的示威活动。人们说，不应该让种族灭绝政权的刽子手们返回金边，而应该将他们赶出去。当天上午，我骑摩托车绕着金边转了一圈，听说乔森潘将下榻于奥林匹克国家体育场东边 214 号路上古巴使馆旁边的一幢别墅内，就骑摩托车赶到了那里，当时仅有约50人聚集在那里。但是接下来，人们越来越多，最后发展到数百人，将那幢别墅重重包围了起来。一件令人难以置信的事情发生了。人们对红色高棉头子乔森潘最熟悉不过了，突然人群中有人高声叫道，他们的父母和兄弟姐妹就是惨死在波尔布特政权统治之下的。于是，人们冲进乔森潘居住的房屋，手持棍棒和石块，向乔森潘头部打砸过去，鲜血顿时从乔森潘头上汩汩地冒出，染得他脸上、衣服上到处都是。乔森潘的顾问急忙打开小行李箱，撒出一大把美元让人们去捡，以便为乔森潘让出一条脱身之路。许多人忙着捡钱，一些人捡到钱后就跑进了奔良分区政府大楼，另一些人则在他们后面紧追着，要他们把那些钱交出来烧掉。那些人认为，这是种族灭绝分子的钱，是沾满人民鲜血的钱，是肮脏的钱。由于那些抢到钱的人躲在奔良分区政府大楼内不出来，一些示威者就点燃了奔良分区政府大楼，将里面的东西付之一炬。要不是消防车及时赶到，那幢排屋式的分区政府大楼可能会被完全焚毁，大火还可能蔓延至附近的房屋。由于示威者人数太多，警察一时难以控制场面，洪森来到了事发现场，通过麦克风向示威者喊话，要求他们停止对乔森潘的攻击，闪开一条路让他返回曼谷。我仍然记得，洪森当时告诉示威者说，不要攻击乔森潘，因为这种做法违反了巴黎和平协议的规定。在洪森的呼吁和警方的干预下，乔森潘坐在一辆装甲车内从那座房子里转移了出去，否则，他很可能会被示威者当场打死。乔森潘居住的房子里的东西被示威者全部砸烂，一些人将能偷走的东西都偷走了，因为当时局势混乱，处于失控状态。傍晚的时候，我在电视上清楚地看到了乔森潘，他的头被打破了，但依然面带笑容，看上去脸色非常苍白，似乎正处于恐惧之中。

攻击红色高棉头子的事件发生后，以西哈努克亲王为主席的柬埔寨全国最高委员会成员和联合国代表立即召开会议，讨论保护在巴黎和平协议上签字的冲突各方领导人人身安全问题。会议结束后，洪森领导的柬埔寨国安全部门加强了安全保卫工作，乔森潘才得以安全地再次返回金边。此外，为进一步确保红色高棉领导人的人身安全，西哈努克亲王决定让红色高棉方面在他的王宫内建立办事处并在那里居住。

金边首次骚乱

红色高棉头子乔森潘被打得头破血流的事件发生后，金边城内部分公务员相继组织了一系列反对上司贪污腐化行为的小规模示威活动。部分舆论认为，这些示威活动受到了反对柬埔寨国政府的抵抗力量的教唆和渗透，很可能是潜伏的红色高棉分子为制造骚乱并为其头子乔森潘不久前被民众打得头破血流而采取的复仇战略。示威者焚烧了轮胎，分成多批小股力量上街游行。1991年12月21日，14名金边医学院的学生正坐在校门前玩耍，与驾驶警车沿莫尼旺大道维持秩序的一队交警发生了不可思议的冲突。当天上午，金边市政府门前发生一起示威活动，两三名大学生高声嘲讽正在巡逻的交警支持腐败分子，被他们听到了，他们就抓了其中一名大学生扔进警车，开回了离医学院不远的交警队。

柬埔寨政治观察员指出，事件发生后，作为柬埔寨国政府敌人的三方抵抗力量和潜伏的红色高棉分子借机谋政治利益，煽动和教唆金边医学院和其他大学的学生以及部分学生家长，点燃他们胸中的怒火，一起来到火车站附近的金边市交警队门前举行抗议活动。事发当天上午，我骑摩托车跟踪了事态发展的全过程。下午的时候，学生们和数百名群众走到国会大厦门前，要求释放那名被捕的大学生。由于没有得到任何答复，示威人群在下午大约4点钟又朝着位于达邦市场附近的金边市警察局进发。傍晚大约6点30分，抗议现场突然响起噼里啪啦的枪声，许多示威者四散逃窜，一些人跑过去躲在狭窄的通道处，一些人藏在路边大树下，另外一些人则倚靠在附近民房的围墙边上躲避子弹。两三名示威者爬上警察局大门，企图摘下警察局的牌子。紧接着，几乎各个方向都响起了巨大的枪声，谁也不知道是哪些派别开的枪。柬埔寨国政府官员声称，这次事件对潜伏的红色高棉分子及其盟友来说，是一个向柬埔寨国谋取政治和安全利益的好机会。由于形势不妙，我于晚上大约8点钟返回了家中。

形势在不断恶化。12月22日上午，警方对示威者进行了无情的镇压。到了晚上，示威人群中有人向外开枪，柬埔寨国警方怀疑是潜伏的红色高棉分子混入了示威人群并向警方开枪还击。一天后，局势有所缓和，警方召开记者招待会，并通过电视进行直播。警方表示，被捕的那名大学生已经获释，健康状况良好。这是1979年以来金边发生的规模最大、性质最严重的骚乱，造成部分人员伤亡。1992年1月23日，大赦国际在其发布的报告中写道，那次骚乱导致8人死亡，十多人受伤。

第五章　联合王国政府的成立

1993 年 5 月 23 日首届全国大选

洪森在 1993 年全国大选竞选宣传活动中为柬埔寨人民党造势。（图片来源：http：//www. khmer440. com/chat _ forum/viewtopic. php？ t = 12728）

大选来临之前，尽管有柬埔寨全国最高委员会和数万名联合国驻柬临时权力机构工作人员维持柬埔寨国内秩序，但柬埔寨的政治形势依然十分紧张。红色高棉军队攻入洞里萨湖沿岸的奇诺德鲁地区，杀害了大约70名所谓的越南人。根据联合国驻柬临时权力机构的报告，在其执行任务期间，红色高棉游击队共杀害了216人，并造成342人受伤。此外，联合国驻柬临时权力机构的报告还表明，18名联合国驻柬临时权力机构工作人员被杀害，67人受伤，但是没有哪个方面宣布对此负责。

红色高棉武装经常偷袭柬埔寨国的控制区。尽管红色高棉的民主柬埔寨方面一开始决定报名参加大选，成为报名参选的20个政党之一，但最终又决定抵制大选。因为他们清楚地知道，自己不可能在选举中获胜。因此，他们必须按照自己的政治策略退出大选，在丛林里凭借军事力量进行权力上的讨价还价。红色高棉集团一直不允许联合国驻柬临时权力机构到自己的控制区进行检查。洪森经常就此公开嘲讽道，红色高棉集团仅用一根竹竿挡住道路，联合国驻柬临时权力机构就不敢进入红色高棉占领区了，因为他们太害怕红色高棉了。而对柬埔寨国，联合国驻柬临时权力机构却要求进行不留死角的检查。5月3日，即选举前20天，大约200名红色高棉士兵攻占了暹粒国际机场。两个多小时后，他们就被柬埔寨国的军队击退了。

1993年5月6日，选举前第三周，柬埔寨人民党、奉辛比克党和佛教自由民主党三党代表在中国北京开会。此次会议由临时国家元首、柬埔寨全国最高委员会主席诺罗敦·西哈努克主持，联合国驻柬临时权力机构主席明石康及联合国秘书长驻柬埔寨特别代表也参加了会议。与会各方对红色高棉的民主柬埔寨方面拒绝出席此次会议表示遗憾。会议达成包括必须尊重巴黎和平协议内容、与联合国驻柬临时权力机构开展良好合作、不得侵犯人权、不得威胁恐吓等10点重要共识，确保选举在自由公正的环境下举行。

竞选宣传阶段也出现了竞争各方互相指责的问题，一些政党的成员或积极分子被杀害或受到恐吓。当时，宋双领导的佛教自由民主党在聚会时，现场发生了炸弹爆炸事件，这件事情很复杂，因为当时红色高棉集团正昏了头并退出了选举。选举前，诺罗敦·西哈努克亲王的儿子、诺罗敦·拉那烈的弟弟诺罗敦·夏卡朋抛弃奉辛比克党，加入了洪森领导的柬埔寨国，被任命为柬埔寨国副总理。竞选宣传期间，夏卡朋直言不讳地猛烈批评诺罗敦·拉那烈缺乏领导管理才能而且品行不端，柬埔寨国电视台完整播放了他的讲话。诺罗敦·拉那烈并未对此作出强烈回应，只是借竞选宣传之机拉拢人民说，奉辛比克党诞生于西哈努克亲王亲手缔造的奉辛比克抵抗运动，是君主主义者的政党，将永远追随西哈努克亲王。柬埔寨人民党则提及自己过去13年来取得的巨大成就，特别是将人民从波尔布特、英萨利、乔森潘历时三年八个月零二十天（1975年4月17日至1979年1月7日）的种族灭绝政权统治下解放出来，又努力在一穷二白的基础上进行各领域基础设施重建，因为1975年前的战争以及种族灭绝政权的统治将一切破坏殆尽，不仅破坏了国家，还杀害了300多万无辜的人民，将国家推向灾难的深渊。

选举前两天，洪森派乔坎纳烈和其他一些柬埔寨人民党官员前往塔仔山附近的联合国驻柬临时权力机构总部会晤明石康主席。乔坎纳烈告诉我说，这次会议从当天下午3点一直开到次日凌晨3点，议题主要集中在12个大问题上，特别是维护社会安宁、确保票箱安全、保障选举公正合理、提高警惕防范红色高棉偷袭等。乔坎纳烈表示，明石康同意了这些提议，承诺联合国驻柬临时权力机构将努力做好上述工作。

1993年5月23日是柬埔寨人民期盼已久的、选举自己满意的代表领导国家的日子。19个政党参加了选举，其中三个政党被认为是最大的政党，即谢辛、洪森、韩桑林领导的柬埔寨人民党、诺罗敦·拉那烈领导的奉辛比克党和宋双领导的佛教自由民主党。当时，诺罗敦·西哈努克亲王作为中立人士，担任柬埔寨全国最高委员会主席。

选举结束后，联合国驻柬临时权力机构正式宣布，奉辛比克党获得58个国会议席名列第一，柬埔寨人民党获得51个国会议席名列第二，佛教自由民主党获得10个国会议席名列第三，莫里纳卡党仅获得1个国会议席名列第四。

奉辛比克党主席诺罗敦·拉那烈

佛教自由民主党主席宋双

（图片来源：《远东经济评论》

选举后分裂国家的图谋

柬埔寨人民党在首届全国大选中名列第二，联合国驻柬临时权力机构官员认为此次选举结果是自由、合理和公正的，而柬埔寨人民党则不认同这个结果，称选举不公，指责联合国驻柬临时权力机构官员存在诸多舞弊行为和不正常现象。洪森和柬埔寨人民党官员宣布，他们发现了一些不正常现象，包括许多投票箱在被用汽车运往计票站时封口是打开的，许多选票从投票箱中飞了出去，而那些飞出去的选票选的恰恰都是柬埔寨人民党。柬埔寨人民党官员乔坎纳烈告诉我说，人们还在部分省份的池塘里发现了一些投票箱，在那些省份支持柬埔寨人民党和为柬埔寨人民党投票的人非常多。乔坎纳烈宣称，还有一些投票箱运抵的地点与规定地点不符，正是由于上述不正常现象，柬埔寨人民党才提出抗议，但联合国驻柬临时权力机构并未采取任何解决措施。

分析人士认为，选举前，部分柬埔寨人民认为奉辛比克党是诺罗敦・西哈努克亲王领导的政党，因为在竞选宣传阶段，尽管法律禁止并且西哈努克亲王已经郑重宣布他保持中立、并非奉辛比克党主席，但奉辛比克党党员和积极分子仍然打着西哈努克亲王的名义进行宣传，称奉辛比克党是西哈努克亲王领导的。尽管西哈努克亲王作出了自己并非奉辛比克党主席的表态，但一些柬埔寨人民仍然认为他可能还在奉辛比克党内任职，使奉辛比克党赢得了20多年连绵不断的国内战争结束之后的首届全国大选。

乔坎纳烈说，那次败选成为柬埔寨人民党在之后历届选举中都必须汲取的沉痛教训。他回忆道，当时，奉辛比克党拥有西方国家竞选顾问提供的竞选建议和策略，而柬埔寨人民党却没有这方面的外援，同时又缺乏在多党制条件下参加选举的经验。这次选举失败后，柬埔寨人民党从美国和欧洲聘请了选举工作专家频繁在培训班上讲授，为以后历届选举积累经验。

再来看看选举结果。这次选举结果十分敏感，引发了政治僵局，柬埔寨人民党不同意召开国会会议，认为此次选举不公正、不合理。乔坎纳烈说，在这充满危险的脆弱时期，洪森总理领导的柬埔寨国政府已经做好了一切准备，因为担心波尔布特红色高棉种族灭绝分子及其盟友趁机夺权、消灭柬埔寨人民党官员。当时，人们看到坦克和装甲车开进金边市特别是在独立纪念碑旁边的柬埔寨国总理洪森官邸旁巡逻警戒。当时有消息称，如果政治僵局无法解决，柬埔寨可能分裂为两部分，一方控制湄公河以东，另一方控制湄公河以西。

1993 年 6 月 12 日，柬埔寨国副总理、柬埔寨人民党党员诺罗敦·夏卡朋宣布，由于不满此次不合理的选举，磅湛、波罗勉和柴桢等省自治。一天后，奉辛比克党主席、诺罗敦·夏卡朋的哥哥诺罗敦·拉那烈宣布，5000 名作战部队士兵已经做好了与诺罗敦·夏卡朋分裂势力作战的准备。尽管一些政治家怀疑洪森是诺罗敦·夏卡朋分裂国家图谋的幕后主使，但洪森表示，上述省份自治并不是他和柬埔寨人民党的立场。6 月 14 日，洪森乘直升机前往磅湛省。从磅湛省返回金边后宣布，经与当地官员磋商，他们不同意磅湛省自治。

上述省份谋求自治的消息令柬埔寨人民党越来越对寻求和

平和国家统一的前景感到无望。最初有媒体报道，如果柬埔寨人民党和奉辛比克党之间特别是洪森和诺罗敦·拉那烈之间的问题不能解决的话，诺罗敦·西哈努克亲王可能领导临时政府。但后来媒体又报道说，柬埔寨人民党的代表洪森不同意这一方案，担心诺罗敦·西哈努克亲王借机夺权。

乔坎纳烈告诉我说，在柬埔寨人民党针对此次选举结果的抗议活动面前，联合国驻柬临时权力机构主席明石康保持了沉默，因为柬埔寨人民党握有选举不正常的证据，并再次提及选举前两天双方会晤时所谈的12个大问题的内容。由于联合国驻柬临时权力机构无法打破政治僵局，西哈努克亲王以中立的柬埔寨全国最高委员会主席名义提出了一个打破政治僵局的方案，即建立一个由联合首相领导的联合王国政府，诺罗敦·拉那烈出任第一首相，洪森出任第二首相。这个方案也很敏感，因为诺罗敦·拉那烈和宋双对此方案不甚满意，但由于西哈努克亲王坚持要实现国家统一，包括联合国驻柬临时权力机构在内的各方最终同意了这一方案。

各方达成一致后，第一届国会于1993年9月14日在西哈努克亲王主持下召开第一次全体会议，颁布了新宪法，将国名定为柬埔寨王国，决定授予诺罗敦·西哈努克亲王柬埔寨王国国王和国家元首职务。这是西哈努克亲王第二次登基即位，他第一次登基是在1941年4月25日。后来，西哈努克亲王为了领导国家而将王位让于其父诺罗敦·苏拉玛里特亲王。1960年，苏拉玛里特国王去世后，西哈努克亲王就任国家元首。1970年3月18日，朗诺又发动政变废黜了西哈努克亲王的国家元首职务。

在第一届国会任期内，佛教自由民主党主席宋双担任国会主席，柬埔寨人民党主席谢辛担任国会副主席，四个政党分享国会120个席位。后来，国会正式批准组建联合政府，国会内四个政党分享国会和政府权力。与此同时，王国政府也开始整编各派武装力量，将其纳入任期五年的联合政府统一领导之下。国防部和内政部两个大部设立联合大臣，由奉辛比克党和柬埔寨人民党各出一名官员担任。与此同时，生活在柬泰边境地区难民营中的人民也返回国内，除了拒绝回归社会的红色高棉分子外，都分到了柬埔寨国控制的一些土地。

1993年，联合国教科文组织与柬埔寨政府组织发起"拯救吴哥古迹"国际行动，寻求世界各国对修复吴哥古迹给予经济和技术上的支持，因为那些寺庙都遭到了不同程度的破坏。1992年，联合国教科文组织将吴哥窟及该地区各个寺庙列入世界文化遗产名录，以加大保护力度。

西哈努克亲王之子诺罗敦·夏卡朋。(图片来源:《柬埔寨强人洪森》)

第六章 1993年至1997年

第一届柬埔寨王国政府

四党联合政府成立后，柬埔寨人民显得格外高兴，生活也比选举前更加安宁、祥和。看到选举前的冲突各方除了红色高棉集团之外，都在诺罗敦·西哈努克国王和莫尼列王后的荫蔽下团结起来，为国家重建和发展贡献力量，人民都感到欢欣鼓舞。

1993年底，诺罗敦·西哈努克国王授予柬埔寨人民党主席谢辛，柬埔寨人民党副主席、第二首相洪森和柬埔寨人民党名誉主席韩桑林"亲王"封号。从那时起，就有了三位阁下被称为谢辛亲王、洪森亲王和韩桑林亲王的称谓。此前不久，诺罗敦·西哈努克国王还认谢辛和韩桑林为义弟，认洪森为义子。此外，诺罗敦·西哈努克国王的儿子诺罗敦·拉那烈也成了洪森的义兄，这一点使柬埔寨的政治形势看起来非常乐观。

1994年，民主柬埔寨的一些红色高棉武装力量向王国政府投诚。与此同时，王国政府内部也出现了一股劝说全部红色高棉分子投诚的潮流。由于在权力分配以及政治、军事也包括法律程序方面的分歧，这种想法遭到了失败。希望红色高棉向王国政府投诚的初衷，是为了实现全国的完全和平，不愿看到国内再有叛军游击队。但由于该解决方案未能实现，1994 年 7 月 7 日，根据王国政府的建议，国会以压倒性多数审议通过了将红色高棉列为非法组织的决议，其目的只有一个，就是将红色高棉变成非法叛军，因为他们反对通过大选产生的合法王国政府，是“违反宪法和其他柬埔寨王国法律的人”。当时，红色高棉集团正在柬泰边境地区特别是拜林、梅莱、安隆汶、柏威夏寺地区，以及贡布省的瓦拉山和磅士卑省的奥拉山等一些山区控制着柬埔寨大约 10% 的领土。在讨论将红色高棉列为非法组织的法案时，来自奉辛比克党的国会议员、财经部大臣桑兰西表示强烈反对。他担心一旦该法案出台，王国政府将会给所有反对它的人贴上红色高棉的标签。但桑兰西的反对并未奏效。1994 年 10 月底，桑兰西还想向法院起诉《柬埔寨时报》，因为该报发表文章称，桑兰西及其夫人 1994 年初曾与红色高棉领导人会晤，是“叛国者”。桑兰西表示该文章损害了他的名誉，有关说法是不正确的。① 但该案并未真正开庭，由桑兰西与《柬埔寨时报》自行协商和解了。

红色高棉被宣布为非法组织后，其位于王宫内的办事处也被永久关闭了，办事处内红色高棉的代表也返回了拜林和安隆汶地区。1994 年 3 月 19 日，柬埔寨王国政府军攻占了英萨利控制的拜林市，但四五天后又被红色高棉武装重新夺回。

① 《柬埔寨日报》(The Cambodia Daily)，1999 年 10 月 27 日，头版。

政府军向红色高棉控制区发射火箭弹。（图片来源：《远东经济评论》）

国王儿子政变计划失败

正当柬埔寨人民沉浸在大选后成立联合政府的安宁和喜悦之中时，柬埔寨突然发生了一件令人震惊的大事。柬埔寨国前内政部长辛松和前内政部国务秘书辛森以及第一首相诺罗敦·拉那烈的弟弟、诺罗敦·西哈努克国王的儿子诺罗敦·夏卡朋企图发动政变推翻第一首相诺罗敦·拉那烈和第二首相洪森领导的联合王国政府，然而该计划却提前败露了。1994 年 7 月 2 日晚上，大约 200 多名柬埔寨极端分子乘 5 辆卡车和 12 辆装甲车向首都金边进发。午夜前后，王国政府第一首相拉那烈和第二首相洪森的官邸附近各配备了约 50 名士兵加强警戒。在事先得到情报的情况下，王国政府军用坦克在距金边 25 公里处拦截了政变部队，当时政变部队没有抵抗就放下武器返回了营地。

洪森于7月3日下令逮捕辛松和辛森并将其软禁在家中。当时，诺罗敦·西哈努克国王正在中国北京治病。洪森在与诺罗敦·西哈努克国王、莫尼列王后、诺罗敦·拉那烈以及美国驻柬埔寨使馆电话沟通后，同意诺罗敦·夏卡朋即日流亡马来西亚。1994年10月27日，柬埔寨军事法院在国防部以涉嫌参与策划政变罪审判9名泰国人和两名柬埔寨军官。尽管诺罗敦·夏卡朋于审判当天在国外发表声明否认柬埔寨军事法院对他的政变指控，但军事法院仍然于10月27日缺席判处诺罗敦·夏卡朋、辛松和辛森每人20年监禁。

宪兵护送流亡国外的诺罗敦·夏卡朋前往波成东机场。（图片来源：《远东经济评论》）

宪兵包围了辛森的住宅。（图片来源：《远东经济评论》）

辛森被逮捕。（图片来源：《曼谷邮报》）

财经大臣桑兰西被撤职

第一届联合政府成立后，桑兰西作为第一首相诺罗敦·拉那烈领导的奉辛比克党的国会议员，出任财经部大臣。任职期间，桑兰西作风强硬，要求人民严格按照法律规定缴税，部分人对此拍手叫好，部分人却心怀不满。那些心怀不满的人声称，这一措施影响到了自己的生活和从事的小本生意。选举前，一些人由于囊中羞涩，就以比较优惠的价格购买了泰国的二手汽车用来代步或做生意，但那些汽车是商人们在大选前趁着局势混乱进口的，并未向政府缴税。当桑兰西突然下令让这些购车者缴税时，他们对桑兰西充满了愤怒，因为他们的汽车都是老旧的二手车，当时他们连修车的钱都不够，却还要向政府缴税，这是他们万万不能接受的。使用二手车的人们纷纷抱怨道，收缴税款是海关官员和商人的责任和义务，他们这些消费者没有义务向政府缴税。但桑兰西却自豪地表示，正是由于开征了此项税种，政府的税收收入增加了，使公务员加薪成为可能。

那个时期，为了增加国家财政收入，一些官员急于向农民开征土地税，但洪森坚决反对。他承诺，只要他仍然掌权，就绝不会向农民征收土地税，这一点是在占全国人口绝大多数的农民仍然贫困的情况下赢得其支持的最有效的“吸铁石”。

王国政府许多官员认为，尽管桑兰西处在拉那烈第一首相和洪森第二首相领导之下，但他似乎并不赞同两位联合首相的一些政策，特别是在购买武器装备对抗红色高棉等一些大的开支项目上经常与两位联合首相意见相左。他似乎认为没有必要把钱花在军事方面，当前更重要的工作是国家重建与发展。最终，经内阁特别是奉辛比克党主席诺罗敦·拉那烈同意，国会于1994年10月20日根据内阁调整的建议投票罢免了桑兰西的财经部大臣职务，柬埔寨人民党籍的吉春取而代之。由于失去了财经大臣的权力，仅剩下没有多少影响力的国会议员职务，桑兰西于1995年脱离诺罗敦·拉那烈领导的奉辛比克党，组建高棉民族党并担任主席。受其另立新党的影响，桑兰西的夫人、柬埔寨国家银行行长刁龙·索姆拉也遭到王国政府撤职。从那以后，高棉民族党便成为反对党。从我这位独立媒体人的角度来看，高棉民族党每次对王国政府的批评大多集中在谢辛、洪森和韩桑林领导的柬埔寨人民党身上，提及较多的是腐败、越南移民、执法不公和司法体系薄弱等问题。

桑兰西被撤销财经部大臣职务后，奉辛比克党籍的副首相兼外交与国际合作部大臣诺罗敦·西里武内心极为不满，于1994年10月25日主动辞去大臣职务。西里武辞职后，奉辛比克党提名教育部大臣黄发取而代之，将教育部大臣一职留给了同样来自奉辛比克党的杜洛。诺罗敦·西里武是诺罗敦·西哈努克国王的弟弟、王国政府第一首相诺罗敦·拉那烈的叔叔，时任奉辛比克党秘书长，在法国时就与桑兰西一同共事，两人是很要好的朋友。

桑兰西被撤职后，王国政府于1995年2月第一周的头两天从波兰和捷克斯洛伐克购进了90辆坦克和装甲车。拉那烈说，王国政府将继续增购武器，包括从南非低价购买AK47突击步枪，用于巩固国防、抵御红色高棉的袭扰。① 此前，红色高棉电

① 《柬埔寨日报》，1994年11月21日，第7版。

台于1994年11月19日广播道，王国政府军队向柏威夏寺地区发射了毒气弹，酿成58人死亡的惨剧，但王国政府否认了这一毫无证据的指控。

此外，诺罗敦·拉那烈还下令购买两架美国生产的小型直升机供他和洪森第二首相个人专用。在这个问题上，洪森嘲讽道，拉那烈王子真是太聪明了，他给自己购买的直升机配备了双引擎，一旦飞行过程中某个引擎出了问题，还有另外一个引擎可以备用。而给洪森购买的直升机却只装有一个引擎，一旦那个引擎飞行过程中出现故障，他就完蛋了。

红色高棉杀害西方游客

王国政府成立后，红色高棉反叛分子仍然没有消停。他们的政治和军事组织仍然存在，波尔布特、英萨利、乔森潘、农谢、宋成和达莫仍然盘踞在拜林、梅莱和安隆汶地区。他们的反叛武装经常不择手段地进攻王国政府控制区，干扰王国政府的发展事业。1994年7月26日，三名大约20岁的年轻西方游客——澳大利亚人大卫·威尔逊、英国人马克·斯拉特和法国人吉恩·米切尔乘火车由金边前往贡布省旅游，需要穿越红色高棉反叛武装农白和宋伯的手下初仁控制的瓦拉山地区。当天，红色高棉反叛分子伏击了这列火车，杀害了13名柬埔寨人，另有多人受伤，上述三名外国人被劫持至瓦拉山区的丛林中。劫持事件发生后，王国政府官员努力与反叛分子进行谈判，希望他们能够释放人质。当时，红色高棉分子开出了每名人质5万美元共计15万美元的赎金，王国政府也想寻找途径将这笔赎金交给红色高棉，以确保三名人质平安返回，但澳大利亚、英国和法国三国驻柬埔寨使馆却坚持不与红色高棉谈判的立场。由于王国政府与红色高棉谈判失败，两个月后，红色高棉反叛分子将上述三名外国人质全部杀害。一份报告显示，这三名人质遇害前被囚禁在十分恶劣的环境中。1995 年，初仁向王国政府投诚。1997 年，农白和宋伯也向王国政府投诚。2002 年 12 月，初仁、农白和宋伯被柬埔寨法院羁押并全部判处终身监禁。2008 年，宋伯病死，终年 74 岁。对这些犯罪分子的每一项判决，都是洪森首相努力为柬埔寨和外国死难者及其家属寻求公道的结果。

被盘踞在贡布省的红色高棉分子杀害的三名外国游客中的两位。（图片来源：《远东经济评论》）

国王弟弟企图刺杀洪森

尽管1993年大选后联合政府被组建起来，国家权力也在柬埔寨人民党、奉辛比克党、佛教自由民主党和莫里纳卡党四个政党间进行了分配，然而1995年，首届联合政府内还是出现了不和谐的音符。由于联合政府内权力分配不平衡，一些问题逐渐暴露出来。诺罗敦·拉那烈名义上虽然是第一首相，但他和奉辛比克党官员与第二首相洪森和柬埔寨人民党官员相比似乎并不占优势。在两党都拥有支持自己的军警力量的情况下，这种权力分配的不平衡导致王国政府内两大政党官员相互间缺乏信任。1995年11月18日，装甲车和全副武装的士兵包围了王国政府副首相、诺罗敦·西哈努克国王的弟弟、诺罗敦·拉那烈的叔叔诺罗敦·西里武的官邸，将其软禁在家中。之前，西里武向一名新闻记者透露了他想杀掉洪森以改写柬埔寨历史的想法，这一想法被国内外媒体大肆报道，弄得满世界都知道了，很快他就遭到了逮捕。西里武被捕后，先是被暂时扣押在内政部，经王室成员与诺罗敦·西哈努克国王的义子、诺罗敦·拉那烈的义弟洪森谈判后流亡法国。柬埔寨政治评论员称，如果没有洪森的同意，诺罗敦·西里武和诺罗敦·夏卡朋是不可能免于刑责而流亡国外的，这被视为洪森向王室成员作出的一大让步。

流亡国外后，诺罗敦·西里武被柬埔寨法院以阴谋刺杀首相罪、非法藏械罪、涉嫌恐怖主义罪缺席判处10年监禁。1996年底，诺罗敦·西里武想从法国返回柬埔寨，而当时他还是戴罪之身。对于他的回国企图，洪森第二首相警告说，如果西里武胆敢进入柬埔寨，将被戴上镣铐再送回去。我于当天上午打电话到西里武位于法国的住宅，想听听他对洪森警告的看法，但他没有接电话。到了晚上，他给我打了回来。在介绍了自己的姓名后，我就开门见山地提出了自己的问题。西里武简短回答说，他将坚持回国，不会惧怕洪森的逮捕威胁。西里武当时想乘飞机经香港返回柬埔寨，但因为港龙航空公司接到柬埔寨政府的警告，不准搭载西里武到金边，因此这条路是行不通的，而且西里武也不敢漠视洪森的警告。与此同时，洪森也善意地表示，在西里武获得诺罗敦·西哈努克国王特赦回国时，他将给西里武献上鲜花。事实上，如果没有联合首相特别是洪森第二首相的建议，西哈努克国王是不可能单方面作出特赦西里武罪行的决定的。为了展示实现国家统一的诚意，洪森和诺罗敦·拉那烈后来决定建议西哈努克国王赦免西里武，为其安全返回柬埔寨、重获自由打开了通道。1999 年初，西里武回归奉辛比克党，重返政坛，成为柬埔寨人民党的竞争对手。

2011 年 5 月 26 日晚，我在邻近柬埔寨人民党总部的康拉德·阿登纳基金会见到了诺罗敦·西里武，并与他聊起了我就所谓他阴谋刺杀洪森一事给他打电话的往事。他简短地说："这件事已经过去了，我不想再提它了。"那天晚上，康拉德·阿登纳基金会驻柬埔寨代表瑞倍·布劳尔女士举行离任招待会，柬埔寨执政党、反对党、社会团体和各国驻柬埔寨外交官均受邀出席。

英国排雷人员遭到劫杀

1994 年，国际扫雷专家组对柬埔寨作出了这样的结论：柬埔寨地下和地面散布着战争时期冲突各方遗留下来的大约700万颗地雷和未爆炸弹。这些地雷和未爆炸弹每月导致200至250人特别是儿童受伤致残，这个数字即使与阿富汗和斯里兰卡等国相比也高得惊人。鉴此，许多国家向柬埔寨派出专业人员前来帮助排雷，并帮助组建了柬埔寨排雷中心。

正当联合政府内部开始出现问题的时候，红色高棉集团于1996年3月26日趁机将37岁的英国籍排雷专家克里斯托福·豪斯和为他担任翻译的柬埔寨人胡霍劫持到丛林里。当时他们二人正与另外26名柬埔寨籍排雷工作人员一起在暹粒省执行排雷任务，而红色高棉集团只劫持了克里斯托福·豪斯及其翻译，放过了其他人员。1998年5月26日，克里斯托福·豪斯和胡霍被波尔布特控制下的安隆汶地区的红色高棉分子下令杀害。

十多年后的2008年5月6日，柬埔寨当局才抓获了52岁的辛敦，以故意杀人罪将其起诉并移交法院。同年10月14日，柬埔寨法院以杀害克里斯托福·豪斯的罪名判处肯农20年监禁，以劫持克里斯托福·豪斯的罪名分别判处辛敦及其另外三名同伙10年监禁。对上述刽子手的审判是在洪森的推动下实现的，旨在给受害者及其家属讨回公道。值得回顾的是，克里斯托福·豪斯及其翻译被劫持后，红色高棉集团开出了12万美元的价码作为释放二人的条件，由于赎金出现了一些问题，红色高棉集团拒绝放人，并于1998年5月将二人杀害。为悼念扫雷组织成员克里斯托福·豪斯，诺罗敦·西哈努克国王特意于1999年将首都金边王家饭店对面的一条道路命名为克里斯托福·豪斯路。2000年，为纪念克里斯托福·豪斯为柬埔寨排雷事业做出的贡献，英国驻柬埔寨使馆出资在克里斯托福·豪斯被劫持的暹粒省瓦林县苟各村修建了一座克里斯托福·豪斯小学。

值得一提的是，1998 年 3 月底，盘踞在柏威夏寺地区和柏威夏寺内的红色高棉军队脱离了其顽固头目达莫、乔森潘和农谢，向王国政府投诚。1998 年 4 月 1 日，我和一些军官及英国驻柬埔寨使馆外交官劳伦斯·皮卡普一同乘柬埔寨王家军的直升机从暹粒省飞到柏威夏寺，一方面是为了采访红色高棉军队投诚的新闻，另一方面是为了探访克里斯托福·豪斯及其翻译遇害的地点。说来也巧，我们乘坐的那架 M8 型直升机在准备降落时坠落到了靠近柏威夏寺山脚的山谷中，劳伦斯·皮卡普受了轻伤，脸被划破了。我和其他 30 多名机上乘客也受了轻伤。劳伦斯·皮卡普于当日乘洪森的小型专用直升机返回了暹粒省，而我则与投诚的红色高棉士兵在那里住了一晚，直到第二天早上才等来了另外一架同样是 M8 型号的直升机。起初，那架直升机已经降落到了地面，但螺旋桨仍在继续转动，推动直升机继续向前飞行，飞行员不得不决定再次拉升，否则直升机将冲进雷区，上演机毁人亡的惨剧。接下来，直升机围着柏威夏寺转了一圈，又返回原地，这时螺旋桨刮到树枝，折断了机尾，直升机便一头栽向地面，螺旋桨打到地上，折断后飞起来碰到了旁边的地雷，引发整个丛林里的地雷接连爆炸。边境地区的泰国士兵误以为是红色高棉军队与王国政府军队发生交火，也向这边开枪射击，一时间枪炮声大作，震耳欲聋。

国王警卫撞伤洪森胳膊

1996 年 4 月 5 日上午，洪森和诺罗敦·拉那烈陪同西哈努克国王前往磅湛省省会为一座新落成的市场举行启用仪式。正当第二首相洪森慢步跟在西哈努克国王身后走着的时候，国王的一名朝鲜籍警卫从他身后左侧快步跑向西哈努克国王，可能是没有注意到走在国王身边的洪森，也可能是他不认识洪森，这名警卫的佩枪重重地打在洪森的左胳膊肘关节上。洪森当时疼痛难忍，用手托起了受伤的胳膊。事件发生后，西哈努克国王及其朝鲜籍卫队司令纷纷向洪森道歉。自那以后，西哈努克的朝鲜籍警卫更加谨慎小心，洪森的警卫也加强了对他的安全保卫工作。后来，洪森告诉包括我在内的媒体记者说，他接受了西哈努克国王及其卫队司令的道歉，他胳膊上的伤经过治疗也痊愈了。当时，西哈努克国王的朝鲜籍警卫为了不让媒体记者靠近国王以确保国王的安全，出手往往都特别重。曾经有两三名外国媒体记者想挤上前去采访诺罗敦·西哈努克国王，被那些警卫用姆指戳中了腹部和肋骨，腹部痉挛了好久。

洪森妹夫高沙穆被枪杀

自1996年年中起，国内局势日趋紧张起来。1996年11月19日，第二首相洪森的妹夫高沙穆警官在金边市中心独立纪念碑南部约500米的万景岗餐厅门前被不明身份的杀手开枪杀害。在电视里，洪森一边讲话一边流泪，一方面是可怜自己的妹夫，另一方面也为失去了一名家庭成员而伤心。暗杀洪森妹夫的事件使王国政府中各政党间特别是柬埔寨人民党和奉辛比克党间的政治和军事对峙局面进一步升温。那一时期，尽管包括军队、警察和宪兵在内的武装力量都属于国家，但他们仍然分别效忠各自所在政党，特别是柬埔寨人民党和奉辛比克党。高沙穆死后，我参加了他的葬礼。他的住宅位于独立纪念碑附近洪森官邸的后面，我在那里对他的葬礼进行了采访报道。高沙穆的夫人是文拉妮·洪森的亲妹妹。

国会门前四次炸弹爆炸

桑兰西党成立后，桑兰西相继在一些省份建立了党的分支机构。当时，马德望省、班迭棉吉省和暹粒省是分别效忠柬埔寨人民党和奉辛比克党的军警最容易发生武装对峙的省份，我的英国籍处长便带我乘飞机前往马德望省采访桑兰西在该省设置分支机构的活动。在那里，效忠诺罗敦·拉那烈和奉辛比克党的军事力量为桑兰西提供了安全保护，为他的车队提供了配备有 B40 火箭筒等重型武器在内的全副武装的警卫。

后来，大事一件接着一件地发生。1997 年 3 月 30 日上午，国会大厦门前接连发生四次炸弹爆炸事件，当时那里密密麻麻地挤满了数百名示威者。那次示威活动是高棉民族党主席、前财经部大臣桑兰西领导的，他批评正处于动荡之中的王国政府司法体系不公正、腐败成风等。我的办公室离爆炸地点大约 60 米远，那天是星期天，上午大约 8 点 30 分，我正在办公室里工作，突然听到四次炸弹连续爆炸的声音，于是便跑出去查看情况。大街上人们四散而逃，而我却朝着爆炸地点奔了过去。叫喊声、呻吟声和求救声不绝于耳，一些人上衣沾满了鲜血夺路而逃，一些人可怜地倒在血泊中。一些受了重伤的人或躺或坐地向我和其他人求救，但这超出了我的能力和职责范围。这次爆炸导致至少16人死亡、100多人受伤，而同样作为示威者的桑兰西却躲过了危险。

爆炸事件引起各方相互指责。桑兰西称，投掷炸弹的人是洪森第二首相卫队的士兵，洪森方面否认了这种说法，并且反控爆炸事件可能是桑兰西的人及其盟友所为，是“猴子偷吃了米饭却把米粒抹在山羊嘴上”的栽赃陷害伎俩。柬埔寨人民党支持者表示，柬埔寨人民党特别是洪森不可能做出这种惨无人道的行为，因为他是佛教徒，与高棉人民心连心，将柬埔寨人民从波尔布特种族灭绝政权统治下解放了出来。此外，爆炸事件发生后，洪森第一时间谴责这一犯罪行为，并要求警方立即展开调查，找出凶手并将其绳之以法。1997年4月4日，柬埔寨人民党籍的内政部联合大臣韶肯和奉辛比克党籍的内政部联合大臣尤霍格里联名致函桑兰西，请其配合有关部门的调查，协助“提供与爆炸事件相关的有用信息”。函中写道，内政部决定成立一个调查委员会，以“找出凶手并将其绳之以法”。

由于爆炸事件中有一名美国公民受伤，美国联邦调查局也参与了事件调查工作，并画出了能够确定身份的两名投掷炸弹嫌疑人的画像，但并未确切指出系何人所为，并且封存了调查案卷，不再继续调查。

直到2012年，凶手依然逍遥法外，未被逮捕移送法办。

主要政党内部出现分裂

自从桑兰西组建了反对王国政府的政党、夏卡朋和西里武两位王室成员分别因企图发动政变推翻王国政府罪和阴谋刺杀洪森第二首相罪被流放国外后，王国政府内的政治形势越来越糟糕。值得回顾的是，20 世纪 90 年代，宋才（现为桑兰西党国会议员）和洪森私交很好、亲如义兄义弟，1996 年底，柬埔寨人民党又与奉辛比克党进一步结成友好同盟。从外表看他们之间的关系确实很好，但事实上柬埔寨人民党、奉辛比克党和佛教自由民主党在王国政府内的合作关系已经出现了裂痕。未能在 1993 年大选中获得国会席位的政党开始结盟，准备参加计划于 1998 年举行的第二届全国大选。

当时，宋双领导的佛教自由民主党内部出现了分裂，一些人加入了柬埔寨人民党，使佛教自由民主党这样一个本来在国会内拥有席位就很少的政党日渐衰败。后来，第一首相诺罗敦·拉那烈领导的奉辛比克党也开始出现分裂，一些奉辛比克党籍国会议员和王国政府官员分裂出来，表现出投奔柬埔寨人民党的倾向。尽管诺罗敦·拉那烈指责说，柬埔寨人民党官员正在分化瓦解奉辛比克党，但柬埔寨人民党尤其是洪森第二首相断然否认了这一指责。

1996 年年中和 1997 年年初，奉辛比克党、佛教自由民主党以及莫里纳卡党纷纷出现分裂，桑兰西新组建并领导的高棉民族党同样处于风雨飘摇之中。一些支持高棉民族党的媒体记者离开了桑兰西，并撰写了一些批评他领导无方、腐败和搞山头主义的文章。与此同时，高棉民族党的一些官员也离开了桑兰西，认为他使高棉民族党内部混乱不堪，可以说搞得“一团糟”。由于无法忍受党内派系斗争，在经过了政治和法律途径的斗争后，桑兰西决定组建一个以自己名字命名的新党，即桑兰西党。这一新党成立后，他的支持者选择继续效忠他，反对他的人则继续占据着高棉民族党。

正当各主要政党纷纷出现内部矛盾的时候，一条谣言不胫而走，称在柬埔寨人民党内部，特别是以柬埔寨人民党副主席、第二首相洪森为代表的一派与以柬埔寨人民党主席、国会副主席谢辛为代表的另一派之间也出现了矛盾。洪森立即出面辟谣，通过忠于柬埔寨人民党的各种媒体公开宣称，柬埔寨人民党内部并没有发生其他政党所说的那样不幸的事情，柬埔寨人民党内部仍然十分坚强和团结统一，仍然与人民在一起，为人民和国家服务着。

人奉两党争夺红色高棉

奥拉山的红色高棉指挥官盖朋于1996年初率所部士兵和多户家庭脱离红色高棉后，潜伏在各省的红色高棉反叛分子也陆续向王国政府投诚。一些人向效忠柬埔寨人民党的武装力量投诚，一些则向支持奉辛比克党的武装力量投诚。他们的投诚也使武装力量之间的关系变得更加错综复杂。当时，柬埔寨人民党似乎更占优势，因为多数潜伏在国内的红色高棉分子都向与柬埔寨人民党特别是洪森第二首相关系密切的武装力量投诚。我曾经到干丹省、菩萨省、马德望省和磅湛省等许多地方采访过红色高棉分子投诚事件。联合政府内两大政党间的对峙越来越严重，通过各自掌握的报纸、电台、电视台等宣传系统公开表现出两党间的互不信任，相互指责对方在合作领导国家的过程中不忠诚。洪森经常指责奉辛比克党及其主席拉那烈不忠诚。尽管奉辛比克党与柬埔寨人民党结成了联盟，洪森仍然表示，奉辛比克党这个盟友不忠诚，因为它“台面上握手、台底下踩脚”。

我每天都要出去采访，这次采访诺罗敦·拉那烈，下次就采访洪森。这就意味着，在同一时间内，如果我采访拉那烈，就得通过广播收听洪森的讲话；如果采访洪森，就得向其他记者朋友借诺罗敦·拉那烈的讲话录音来听，这样才能密切跟踪形势发展，随时掌握这两位重要领导人就柬埔寨最近政治形势作出的表态。1997 年初，正当联合政府内部政治和军事矛盾越来越尖锐的时候，拜林、梅莱、安隆汶和其他靠近柬泰边境山区的红色高棉顽固分子经常对联合政府控制区进行袭扰。1996 年至 1997 年间，我前往西北部的马德望省和班迭棉吉省了解政府军与红色高棉反叛武装之间的战况。前线的政府军死伤数百人，被送往后方的省级、县级医院和位于首都金边、住满了伤病员特别是患疟疾的士兵的军队医院。

1993 年全国大选后，由于政府军与非法的红色高棉反叛分子之间的战争仍在继续，联合政府开始实施“双赢政策”，与拜林地区的部分红色高棉领导人展开了秘密谈判，策动他们脱离安隆汶地区的波尔布特、乔森潘、宋成、农谢和达莫集团。然而，这一谈判也进一步加剧了奉辛比克党与柬埔寨人民党之间争夺红色高棉分子、扩大自身影响力、壮大自己军事力量的斗争。

第一首相诺罗敦·拉那烈和第二首相洪森在武装力量整编仪式上。(摄影：蔡速卜)

拉那烈非法进口新武器

正当柬埔寨国内政治形势日趋紧张之际，1997年5月26日，第一首相诺罗敦·拉那烈突然从台湾进口了包括反坦克炮在内的近三吨新式武器，但报关单上写的却是武器零件。这批武器是通过海运经西哈努克港运进来的，海关官员检查后发现全是未开封的新武器。海关当局奉第二首相洪森之命查扣了这批武器，用直升机运到了首都金边的军用机场，准备放入国防部军火库封存。然而，就在这批武器被放入军火库之前，效忠拉那烈的武装力量和支持洪森的武装力量之间发生了对峙。我当时也在现场进行采访，非常担心双方爆发冲突，因为军用机场与民用机场仅一墙之隔。经过长时间谈判，那批武器最终被送入了军火库。

对于这些武器，诺罗敦·拉那烈解释说，他是首相，有权进口武器。他还说，洪森有坦克，因此他也想拥有反坦克炮。洪森回应说，拉那烈确实有权进口武器，不要说三吨，三万吨都可以，但是不应该使用自己的资金，并且骗人说是零件。洪森表示，进口武器是国防大臣的职责，因为他是军队建设者，知道应该裁减还是增加军队，应该如何配备武器，他会在充分考虑国家财政承受能力的基础上根据总参谋长的建议提出来。洪森说，如果诺罗敦·拉那烈告诉他自己想购买武器装备自己的卫队，他不会反对，即使花国家的钱也可以，但这种打着零件的名义购买新式武器的做法却是非法的，是犯罪行为。

政治形势不佳时，诺罗敦·拉那烈第一首相（右）和洪森第二首相在桑园宫。（图片来源：《柬埔寨日报》）

诺罗敦·拉那烈第一首相（左）和洪森第二首相在桑园宫。（摄影：达恩·怀特赛德）

1997年6月21日，柬埔寨人民党和奉辛比克党矛盾日趋升温之时，泰国总理差瓦立·永猜裕（中）访问柬埔寨，在桑园宫与诺罗敦·拉那烈（左）和洪森（右）举行会晤。（摄影：恩迪·埃姆斯）

人奉两党较量显示肌肉

一段时期，一些红色高棉分子通过效忠洪森和柬埔寨人民党的王家军向王国政府投诚，另一些则通过效忠诺罗敦·拉那烈和奉辛比克党的王家军向王国政府投诚，使得奉辛比克党与柬埔寨人民党之间的内部冲突日益尖锐，分别效忠于诺罗敦·拉那烈和洪森的军队和卫队每次相遇都相互恨得咬牙切齿，武装冲突一触即发。在这种形势下，诺罗敦·拉那烈与洪森通过正式会议和共同进餐的形式频繁会晤，以缓和两党武装力量对峙的紧张局势。尽管如此，问题仍然如决堤的洪水一样喷涌而出，分别效忠双方的军队特别是卫队和警察部队胸中的怒火已经无法遏止。那一时期，我密切关注着诺罗敦·拉那烈和洪森的行程以捕捉第一时间的新闻，非常了解当时的政治军事形势，预测柬埔寨一定会再次爆发内战。当时首都金边的局势令人恐惧，官员出行，哪怕只是到饭店吃饭，也有多辆军车载着配备包括 B40 火箭筒在内的长短武器的警卫部队随行。别人不知道那些军人属于哪一派，但我却很清楚。在这种紧张的军事形势下，我乘坐王家军的飞机前往马德望省，在省政府大楼采访了柬埔寨人民党籍的省长翁沙米，在奉辛比克党籍的副省长塞雷格绍位于省政府对面的家中对他进行了采访，两人互相谴责对方增加军警部队的做法。我在采访结束后断言，短期内两党必将爆发武装冲突。

果然，柬埔寨人民党和奉辛比克党之间的矛盾终于于 1997 年初爆发了。1997 年 2 月初，效忠奉辛比克党的武装力量与效忠柬埔寨人民党的武装力量在马德望省省会马德望市激烈交火，双方动用了B40火箭筒，导致至少11人死亡，[1]另有多人受伤，当地居民纷纷逃离马德望市。马德望省省长翁沙米与副省长塞雷格绍两派之间的冲突又传染到了首都金边。同年6月17日，效忠诺罗敦·拉那烈的武装力量与效忠洪森的武装力量在首都金边市中心爆发了遭遇战，双方互相指责对方先开火。效忠洪森和柬埔寨人民党的国家警察总监霍隆迪上将说，效忠诺罗敦·拉那烈的武装力量冲进了他的住宅，是导致双方交火的原因。当时，效忠诺罗敦·拉那烈的国家警察副总监侯索将军与霍隆迪上将正因政治、经济和各自武装力量之间的利益冲突而相互仇恨得咬牙切齿。那天晚上的战斗发生在霍隆迪位于四面河学校对面的家中，离诺罗敦·拉那烈的官邸也不远。经过上层之间的谈判，战斗在持续了近两个小时后趋于平静。由于首都金边局势紧张，许多父母都不让孩子去上学了。

这次战斗是双方为试探对方军事实力而进行的一次预演，进一步加剧了人民的恐惧感。由于联合政府内政治和军事形势日益紧张，诺罗敦·西哈努克国王就离开柬埔寨前往北京治病，并以退位相威胁。但洪森公开回应道，如果西哈努克国王退位，柬埔寨将出现王位危机，并将面临继续坚持君主立宪制还是改制共和的抉择。1996年柬埔寨新年前夕，西哈努克国王回到了国内，年底前以前往北京治病为由再次离开了柬埔寨。由于当时与诺罗敦·拉那烈的关系不睦，洪森也希望王室成员退出政坛，转而从事社会和人道主义工作，以免招致批评。洪森提出，

① 《柬埔寨日报》，1997年3月24日，第7版。

如果王室成员与普通百姓一样参政，难免会遇到遭人泼脏水或语言攻击的情况，势必会影响国王的声誉。该建议遭到了部分王室成员特别是诺罗敦·拉那烈的反对，他表示从政是民主社会每一位公民的权利。他的话虽然没有遭到洪森的反对，但洪森表示，如果王室成员想从政就去从政吧，但不要害怕别人向你泼脏水，因为一旦选择了从政，不管是平民还是王子，都要平等地面对别人的非难和攻击。

那一时期，尽管奉辛比克党和柬埔寨人民党在争夺柬埔寨政治主导权和在军队中的影响力，但两党仍然在积极争取人民的支持，两党高级官员频繁慰问基层民众，大力修建学校和寺庙。但在这些方面，奉辛比克党都竞争不过柬埔寨人民党特别是洪森，因为包括洪森在内的大多数柬埔寨人民党官员都出身农民家庭，比多数出身王室、贵族家庭或者是海外柬侨的奉辛比克党高级官员更了解基层农民插秧收割的疾苦。实际上，柬埔寨人民党通过洪森第二首相修建的学校和寺庙比其他政党要多得多，这一点使得其他非柬埔寨人民党和洪森盟友的政党心中不快，并尖酸刻薄地嘲讽道，柬埔寨人民党用来修建学校的钱是通过腐败行为和贩卖大麻得来的。洪森回应道，那些钱是柬埔寨人民党官员个人捐献的，柬埔寨人民党官员不像其他一些政党官员那样得了钱只知道揣进个人腰包。此外，其他政党在农村地区确实无法取得对柬埔寨人民党的优势，因为柬埔寨人民党自 1979 年以来就已经深深扎根于人民之中了。

内部清洗宋成惨遭灭门

尽管柬埔寨国内在如何对待红色高棉高级领导人的问题上

仍然存在分歧，联合政府特别是洪森首相仍然建议联合国考虑对红色高棉高级领导人进行审判，但该建议在1997年并未获得联合国的回应。1993年至1997年间，诺罗敦·西哈努克国王试图将红色高棉时期遇难者的遗骸进行火化，因为他笃信佛教的说法，即如果遇难者的遗骸未被火化的话，他们的灵魂就不能再次投胎转世，但这种想法遭到了柬埔寨人民党尤其是洪森第二首相的反对。洪森表示，火化这些遗骸就是销毁波尔布特种族灭绝政权的罪证。洪森说，这些遗骸可以火化，但要等到红色高棉领导人受审之后。他提出，那些遗骸已经存在许多年了，继续保留下去也没什么不妥的。

自从拜林的伊庆和梅莱的索皮（英萨利部下）脱离红色高棉向王国政府投诚以来，波尔布特、乔森潘、农谢、宋成和达莫控制下的安隆汶地区的红色高棉顽固分子也开始动摇并且相互猜忌。当时，1975年至1979年间任国防部长的宋成和任国民军总参谋长的达莫两人是有名的思想动摇得最厉害的人，因为他们是军队指挥官。由于互相猜忌，红色高棉集团便开始了又一次内部清洗，目标就是消灭叛徒。1997年6月11日，波尔布特及其同伙在安隆汶下令杀害了时年67岁的宋成、时年63岁的宋成夫人云雅，以及宋成的9名部下和亲属。

关于宋成及其家人被杀一事，柬埔寨王家军副总参谋长、效忠诺罗敦·拉那烈的涅本才上将出面在金边举行了一场记者招待会。他展示了宋成及其夫人在位于安隆汶的家中身中数枪倒在血泊中的照片和其他家庭成员横尸家门外的照片。这对宋成的家庭来说的确是一大悲剧，但一些红色高棉政权的受害者则表示，这是宋成过去造孽多端的报应。涅本才将军得到了宋成被杀的照片和杀害宋成的消息。有消息称，当时，涅本才上将和另外一些效忠拉那烈的将军前往安隆汶与红色高棉谈判，谈判小组中没有任何奉辛比克党认为是支持柬埔寨人民党和洪森的官员，然而这次谈判的所有活动均被支持洪森和柬埔寨人民党的王家军武装力量跟踪掌握。当时，已经脱离波尔布特集团向王国政府投诚的英萨利似乎是倒向了洪森和柬埔寨人民党一边，这一点促使拉那烈及其将军们竭力劝说安隆汶的红色高棉分子向王国政府和拉那烈投诚，以使奉辛比克党与竞争对手实现力量平衡。宋成被杀前，我随洪森乘王家军的直升机前往红色高棉控制的三洛县采访。洪森在那里慰问了脱离红色高棉的人们，并会见了宋成的部下、也是宋成情同手足的兄弟努昆和密木。1975 年至 1979 年曾任红色高棉政权海军司令的密木和努昆也在那时向王国政府投诚了，但他们好像都倾向于洪森。正是由于他们二人的投诚，才导致安隆汶的红色高棉集团怀疑宋成也受到了他们二人的拉拢，这似乎是宋成惨遭灭门的原因。

奉党总部惊现红高士兵

1997 年是奉辛比克党和柬埔寨人民党冲突日益升级的一年。作为一名独立媒体记者，我高度关注该事件的进展情况。在北部与法国使馆相邻的奉辛比克党总部内，出现了身穿红色高棉制服的军人，奉辛比克党军官说他们是脱离波尔布特集团的红色高棉士兵。作为一直跟踪局势发展的记者，我感到不解的是，就算是脱离波尔布特集团的红色高棉士兵，也不应该在位于首都金边市中心的奉辛比克党总部内继续身穿被国会定性为非法组织的红色高棉军队的制服而且手持武器，这确实是一件非常敏感的事。奉辛比克党总部内和大门外出现了一些奇怪的人和全副武装的部队，这一点引起了法国使馆外交官内心的不快，因为一旦那里发生交火事件，一墙之隔的法国使馆的工作必然会受到干扰。

1997年6月27日，法国使馆致函洪森第二首相，抱怨红色高棉部队出现在奉辛比克党总部内。此前，法国使馆还就此事致函奉辛比克党籍的外交与国际合作部大臣黄发。尽管诺罗敦·拉那烈的安全顾问塞雷格绍复函向法国使馆致歉，但红色高棉部队仍然继续留在奉辛比克党总部内。支持洪森的军官报告称，5月底，驻扎在马德望省的红色高棉第三师大约559名士兵进驻涅本才直接控制的奉辛比克党当格罗桑兵营，其中一部分来到了与法国使馆相邻的奉辛比克党总部。

诺罗敦·拉那烈第一首相与洪森第二首相之间出现问题。(图片来源：《柬埔寨新闻》)

国内媒体记者身处险境

在柬埔寨国内政治混乱的时期，洪森也遭遇了两三次暗杀，但凶手均未得逞。洪森的顾问翁仁典告诉我和其他记者说，有一次，洪森乘车从达克茂官邸前往首都金边，途中遭遇杀手无声手枪的射击。由于洪森座车开得很快并配有防弹车门和防弹玻璃，洪森才躲过一劫。

在那一时期，每个政党都有自己的媒体宣传系统，而且这些政党经常利用媒体网络抓住某一政治和军事事件相互攻讦，将责任推到对方身上。另外，许多国内媒体记者还共同组建了属于自己的协会。当时规模比较大的媒体协会有两个，一个支持洪森和柬埔寨人民党，另一个支持诺罗敦·拉那烈和奉辛比克党，此外还有一个小规模的媒体协会支持桑兰西及其领导的桑兰西党。这些媒体协会针对同一事件经常作出不同的报道和解读，使人民无所适从，不知道谁是谁非，他们的报道也愈发燃起柬埔寨人民党和奉辛比克党两大政党支持者胸中的怒火。然而，对于我和另外一部分为外国独立媒体工作的记者来说，我们并不为自己的人身安全感到担忧，因为我们的工作只是通过不加分析、不作补充评论地引述双方官员的话来报道发生过的事情，不带任何政治倾向。

1997 年 6 月底 7 月初，媒体记者的处境越来越危险。当时柬埔寨人民党和奉辛比克党间的政治和军事冲突日益紧张，自 1993 年至 1997 年年中，至少 6 名媒体记者在光天化日之下被枪杀。死者一部分是奉辛比克党支持者，一部分是桑兰西党支持者，还有一部分是柬埔寨人民党支持者。直到现在，凶手依然逍遥法外，当局仍未能给那些死去的媒体记者讨回公道。1997年5月5日，效忠奉辛比克党的武装力量向柬埔寨国家电视台驻西哈努克市（今天的西哈努克省）记者站发射了一枚B40火箭弹，导致一名新闻记者死亡，数人受伤。

1997年3月24日，诺罗敦·拉那烈在磅湛省戈索迪县一所学校的揭牌仪式上警告说，如果柬埔寨国家电视台拒不播出奉辛比克党关于国王作用以及诺罗敦·拉那烈和奉辛比克党部分工作的声明的话，他将派坦克前往新闻部，[①] 并称他已就派坦克前往新闻部的事知会了洪森。当时，新闻部大臣是殷莫利，该职位由宋双领导的佛教自由民主党官员出任。1996年，佛教自由民主党发生内部分裂，殷莫利后来投奔柬埔寨人民党。时任新闻部国务秘书的乔坎纳烈就拉那烈的警告向媒体记者表示，电视台一定会播出奉辛比克党的声明，但由于节目排满了，不能在奉辛比克党要求的时段播出。后来，确如乔坎纳烈所说的那样，电视台播出了奉辛比克党的声明。

在收到柬埔寨记者联盟主席来信述说柬埔寨媒体记者面临的死亡威胁后，诺罗敦·西哈努克国王于同年3月22日从北京发来信函，坚持要求两位联合首相领导的柬埔寨王国政府采取一切办法和必要措施，捍卫新闻媒体记者的自由和国内民主。

2003年大选后，乔坎纳烈出任新闻部大臣。他经常帮助协调解决所有支持各政党的媒体记者遇到的麻烦。作为一名前新闻媒体人士，乔坎纳烈深知媒体记者的工作性质和处境，经常与媒体记者聚会，以增进彼此间的了解，提高他们的职业能力和工作水平。

---

① 《柬埔寨日报》，1997年3月25日，头版。

新闻部国务秘书乔坎纳烈向记者通报柬埔寨有关情况。(摄影：蔡速卜)

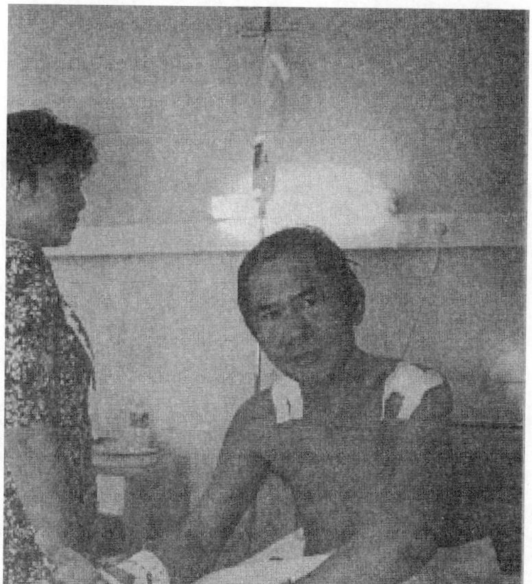

1997 年，《和平岛报》主编通维邦遭袭，身中数弹，被送往越南医院治疗。(摄影：韩西讷)

红色高棉杀害政府官员

这一节讲述的是盘踞在安隆汶的红色高棉的事情。1997年2月14日，涅本才将军的军官们带着包括暹粒省第二副省长韩本兴和警卫在内的16名官员乘坐一架直升机前往安隆汶地区，与盘踞在那里的红色高棉分子进行谈判，涅本才乘坐另外一架直升机。不幸的是，安隆汶地区的红色高棉分子扣押了谈判小组成员，后来将他们全部杀害，只有直升机驾驶员及其同事等三人生还。那架直升机被红色高棉击毁，这些问题被效忠洪森的军官们记录在册。我真是太幸运了，2月13日下午，奉辛比克党籍的暹粒省第二副省长、在第四军区的奉辛比克军官中拥有巨大影响力的韩本兴打电话给我，约我第二天与他一同前往安隆汶，我同意了。本来我应该乘柬埔寨皇家航空第二天早上7点半的航班从金边飞暹粒，但由于航班晚点，当我抵达暹粒军用机场时，谈判小组的直升机已在大约20分钟前起飞了。因为别无选择，我就去找驻守暹粒省的第四军区副司令、效忠洪森的布鲁姆沙林。布鲁姆沙林告诉我说："你真是太幸运了，那些人中了达莫的圈套，再也回不来了。"当晚，美国之音电台柬埔寨语广播援引由我供稿、路透社播发的新闻播发了谈判小组中了红色高棉圈套的消息。这则消息令效忠奉辛比克党的军官们勃然大怒，因为他们正在与红色高棉谈判以救回谈判小组成员。几天后，我在红色高棉电台里听到韩本兴说他们一切都好，红色高棉非常照顾他们。但令人遗憾的是，韩本兴和其他人质后来全都被红色高棉枪毙了。

开水煮虾米般的战斗

1996 年 9 月 14 日，诺罗敦·西哈努克国王签署王令赦免前红色高棉头子英萨利的罪行后，便离开柬埔寨前往中国北京治病，并一直住在那里。鉴于王国政府内部冲突日益激化，特别是分别效忠柬埔寨人民党和奉辛比克党的武装力量彼此间恨得咬牙切齿、相互展示肌肉，洪森第二首相建议西哈努克国王回国帮助协调解决问题。洪森声称，他担心国会议员们会在国会内折断桌椅的腿、拔掉麦克风砸向对方。然而西哈努克国王以之前遭到批评为由，表示他不干预政治和王国政府的事务，因此并未按照洪森的建议返回国内。

1997 年 6 月 24 日，红色高棉校级指挥官彭皮及其四五个手下向效忠洪森第二首相和柬埔寨人民党的武装力量投诚。彭皮揭露了奉辛比克党准备通过军事手段消灭柬埔寨人民党、夺取权力的战略和秘密计划。在向效忠柬埔寨人民党的武装力量投诚之前，彭皮先向效忠奉辛比克党的军事力量投诚。但由于对奉辛比克党军官心存不满，他于是决定加入支持柬埔寨人民党的武装力量。6 月 24 日，彭皮举行新闻发布会，揭露了奉辛比克党与红色高棉勾结的阴谋。此次新闻发布会被支持柬埔寨人民党的电台和电视台全程播出，使奉辛比克党颜面扫地，奉辛比克党的官员特别是军警官员对对手的愤怒更加强烈。更加火上浇油的是，安隆汶的红色高棉宣布，波尔布特政权已经终结，红色高棉集团已经建立了名为民族团结党的新政党。1997 年 6 月 26 日，乔森潘从安隆汶给诺罗敦·拉那烈发去一封信。在信中，乔森潘对拉那烈派涅本才将军前往安隆汶与红色高棉代表协商表示深深感谢。那封信描述了红色高棉的民族团结党与诺罗敦·拉那烈的奉辛比克党的合作进程，他们想建立以诺罗敦·拉那烈为主席的民族团结阵线。乔森潘在信中写道，他领导的民族团结党承认柬埔寨王国宪法，但与此同时，他在信中写道："继续团结全国力量反对越南侵略战争及其傀儡，将国家从外国统治下解放出来。"红色高棉电台也播发了这一消息。乔森潘写给拉那烈的信件，以及红色高棉军队出现在首都金边的情况，引起了柬埔寨人民党特别是洪森第二首相的警觉，并做好了随时进行反击的准备。洪森作出强烈反应，指出吸纳非法的反叛分子可能会导致种族灭绝政权在柬埔寨死灰复燃，这种宣示等于是向拉那烈发出了"如果不想惹麻烦就赶快放弃与非法的红色高棉集团谈判"的信号。更加严重的是，6月21日，金边市朗哥区联合小组发现了70枚用于破坏桥梁的B40火箭弹、129枚手榴弹以及84支三种型号的枪支。这些武器弹药是分别从朗哥区真艾寺南部大约一公里的两处深坑中起获的。那一天，我也在现场目睹了那些武器弹药被挖出的全过程，朗哥区警察局局长昆绍潘告诉在场的媒体记者说，这些武器弹药是涅本才集团的，6月19日，一名受极端主义组织蛊惑、亲自参与埋藏这些武器弹药的士兵向警方告发，警方随即起获了这些武器弹药。昆绍潘表示，这些武器弹药是涅本才亲自下令于1997年6月的某天晚上大约9点钟用一名奉辛比克党官员的路虎越野车从当格罗桑军营运出的，五个人参与了这些武器弹药的埋藏工作。昆绍潘引述参与埋藏这些武器弹药者的话说，按照计划，这些武器弹药将于1997年7月15日配备给奉辛比克党士兵用来破坏洪森卫队所在地杜勒格罗桑地区的道路，洪森官邸就在附近。那些武器弹药被起获的当天，我就打电话给涅本才、国家警察副总监候索、诺罗敦·拉那烈的军事顾问吞桑波、联合国防大臣狄占拉和内政部联合大臣尤霍格里，他们都是奉辛比克党党员和诺罗敦·拉那烈的支持者。他们都声称自己很忙，均未回答我的问题。这是洪森和柬埔寨人民党为提前做好应对方案、抗击王国政府中的敌人和“肌体上的蛀虫”而获得的又一个新证据。1997 年 7 月 3 日，诺罗敦·拉那烈前往磅湛省出席一所学校的剪彩仪式。当天，我和另外一些媒体记者乘车跟随拉那烈前往磅湛采访。诺罗敦·拉那烈在讲话中说，洪森已经将他逼到墙角了。讲话结束后，拉那烈乘直升机返回首都金边，当天便按照支持他的军警官员的建议前往国外。我开车跟着诺罗敦·拉那烈的官员和卫队的车队返回金边，在前往布雷格丹的拐弯处被支持柬埔寨人民党的武装力量拦了下来。经过一番交涉，在奉辛比克党官员同意交出重武器后，车队才获准继续前往首都金边。当时驻扎在那里的武装力量之所以对奉辛比克党官员及其武装力量进行缴械，是因为他们怀疑有红色高棉分子携带武器进城准备制造战争。此前一天，即 7 月 2 日，分别支持两党的武装力量在五号公路的布雷达丹爆发了冲突，起因是奉辛比克党武装力量从班迭棉吉省向位于首都金边的海军司令部开进，支持柬埔寨人民党的武装力量担心有红色高棉军队携带武器进入金边，而在途中对其实施了阻击，双方随即发生交火。战斗大约持续了两个小时，以奉辛比克党武装力量的投降而告终，一部分人被逮捕。

形势最终发展到不可控制的地步。1997 年 7 月 5 - 6 日，分别效忠柬埔寨人民党和奉辛比克党的武装力量间爆发流血冲突。7月5日上午，我乘车前往法国使馆隔壁的奉辛比克党总部查看情况，之后又去了位于四面河学校和新加坡驻柬埔寨大使官邸附近的诺罗敦·拉那烈官邸以及独立纪念碑附近的洪森官邸。尽管上述三地均有全副武装的军人驻守，但道路交通状况仍保持平稳。我很清楚战斗很快就要来临，因此就在继续前往波成东机场和机场北部大约3000米的奉辛比克党当格罗桑军营之前先买了一包大米和三箱方便面放到家里。沿途的局势依旧像往常一样，但机场大门前出现了一些武装人员来回值勤和巡逻。当时，我把车开进了机场，车内坐着我的英国籍处长。当车子行驶到铁道边的时候，一队士兵拦住了我们。我们看到那里停着一辆坦克和许多士兵。见势不妙，处长便让我送他回办公室写新闻。把他送回办公室后，我又返回了机场。这一次，我看见许多身着制服的武装人员，有的肩上扎着红布，有的枪管上系着红布，我认识他们，他们都是效忠洪森的部队。我问他们在干什么，他们异口同声地回答“准备抗击极端主义分子”。而在奉辛比克党控制的当格罗桑军营，身着特种部队制服的武装人员说，他们在等待与“瞎了眼的家伙”战斗，这是对一侧眼睛残疾的洪森的语言侮辱。洪森在得知了这种侮辱后公开表示，他是首相，尚且有人敢这样侮辱他，真不知道那些人是怎样侮辱其他残疾人的。大约中午12点钟，我返回办公室。途中，我告诉人们要做好准备，最好把家门锁好暂时离开，因为那里一定会变成战场。但人们仍然有说有笑，一些人坚持认为两党不可能打起来。大约下午3点钟，柬埔寨人民党籍的国防部联合大臣迪班上将在首相府会见各国驻金边外交官，我和其他14名记者在首相府门外等候会见结果。大约下午 4 点钟，我们听到 B40 火箭弹发出的一声巨大爆炸声。后来，又多次传来同样的爆炸声。正在首相府参加会见的官员纷纷从里面冲出来，顾不上与媒体记者说话，便钻进各自的汽车返回使馆或家中。我和加拿大籍的摄影师也刻不容缓地乘车前往爆炸现场。我们开车沿俄罗斯大道来到僧侣医院的岔路口，之后停了下来，人们告诉我们说有人向僧侣医院发射了炮弹。我们把车停好，跑向那所医院。当时，我们看到病人、陪护人员和医生一起向医院外面跑去，一些病人还躺在带轮子的病床上被自己的兄弟姐妹推着向外跑。进入医院后，我的摄影师尽情地拍着照片。后来，来自万禾密湖和效忠诺罗敦·拉那烈的涅本才上将住宅方向的枪炮声越来越密集，我们便朝着停在距离医院大约 100 米远的汽车跑去，到了车前才发现车钥匙落在车里了，而车门已经被锁死了。由于被激烈的枪炮声吓坏了，我们顺手捡起车子旁边一块石头打碎车窗，将车锁打开，开车返回了办公室。交火一直持续到 7 月 6 日上午。我和我的同事几乎一夜未眠，一直在跟踪局势的发展。手枪子弹的声音、B40 火箭弹的声音以及坦克发射炮弹的声音响彻首都金边的夜空。当时，我拿着一部对讲机，收听军官们相互联络的声音，以随时掌握局势进展。同时，我还分别给效忠拉那烈的军警官员和洪森的支持者打手机了解有关情况。

在拉那烈官邸，他的办公厅主任在电话里告诉一名记者说，洪森已经被击毙了。听到这个消息后，我想方设法打电话向支持洪森的官员求证，他们告诉我说这是欺骗性消息，实际上，洪森正在一处安全的地方认真地观察着局势。我和我的同事之所以对洪森被击毙的消息产生怀疑，是因为当天晚上我给洪森打电话一直打不进去。到了凌晨大约4点钟，我躺下休息了一会儿，大约早上6点钟就起床了。洗过脸并吃了一包面后，我再次给洪森打去电话，但仍然打不进去。后来，我打电话给涅本才上将，询问交战情况。通过对讲机，我得知，效忠奉辛比克党的武装力量遭到重创，已经四散而逃了。但涅本才上将却否认了这种说法，称这并非事实。回到办公室时，我再次打电话给涅本才，但从那时起，他的手机就打不进去了，好像是没电了，或是不在服务区，同时其他奉辛比克党官员的电话也都打不进去。上午的时候，由于工厂和加油站被焚烧，清水区西边的天空升起了滚滚浓烟。

7月6日上午，首都金边一片寂静，几乎所有人家都大门紧闭，路边出现了逃离金边的人群，一些身着制服的士兵冲进立坡市场的摩托车仓库，将摩托车推出来，无人敢拦。许多制衣厂里的物资也被偷走了，搞不清楚是谁干的，因为现场一片混乱，你争我抢，金边市政府已经无法控制。7月6日下午，噼里啪啦的交火声平静下来，支持拉那烈的武装力量放弃自己的军营和据守的阵地逃跑了，部分指挥官和大批士兵被俘虏，一些人当场战死。这次战斗导致双方大约50人死亡，数百人受伤，有军人也有平民。洪森称这次战斗为“开水煮虾米一般”的战斗。在金边战场上铩羽而归后，奉辛比克党部分高级军官逃到柬泰边境地区特别是奥斯玛地区避难，再次成为丛林抵抗运动。国家警察副总监候索在距诺罗敦·拉那烈官邸以西大约200米的新加坡大使官邸外被抓获，后来有消息说，候索在内政部被枪杀。

这次流血冲突爆发前，奉辛比克党党员候索和柬埔寨人民党党员霍隆迪为争夺内政部国家警察总监职位互相仇恨得咬牙切齿。候索死后，霍隆迪就成了国内最有权力和影响力的警官。但不幸的是，2008 年 11 月 9 日星期天的晚上，四星将军霍隆迪在柴桢省因直升机失事身亡，时年 58 岁。当天上午，他还站在诺罗敦·西哈莫尼国王身后在王宫出席了 11 月 9 日独立日庆祝活动。仪式结束后，他乘一架小型直升机前往柴桢省。当飞机飞至柴桢省省会时，突然出现技术故障，直接导致了坠机事件的发生，霍隆迪与包括一位将军级警官、直升机飞行员及其同事在内的另外三人全部遇难。

柬埔寨人民党和奉辛比克党冲突前两三周，效忠诺罗敦·拉那烈的涅本才上将接受记者采访。（摄影：达恩·怀特赛德）

效忠洪森的士兵在僧侣医院拐角处附近受伤。（图片来源：《金边邮报》）

流血冲突开始后的场面。（图片来源：《南华早报》）

开水煮虾米之后的局势

7 月 7 日上午，首都金边城内的交火结束，部分王国政府官员和奉辛比克党党员逃到国外避难。金边国际机场的一部分也遭到了坦克炮和 B40 火箭弹的破坏，泰国政府的包机前来撤走了本国公民，一些外交官也为自身安全考虑纷纷离开金边，许多奉辛比克党高级官员也随他们一同离开了。时任新闻部国务秘书的柬埔寨人民党官员乔坎纳烈表示，如果不是柬埔寨人民党高级官员特别是洪森手下留情的话，所有的奉辛比克党官员都不可能离开柬埔寨。而诺罗敦·拉那烈则在国外宣称，奉辛比克党和柬埔寨人民党的流血冲突是洪森为推翻第一首相而发动的一场军事政变。洪森回应拉那烈和国内外舆论说，这是一次打击王国政府内部的极端主义分子和红色高棉反叛分子的行动。洪森提出，拉那烈在全国范围内调动武装力量，“洪森岂能坐以待毙”。洪森手中掌握的一份由支持拉那烈的军官手写的报告中写道，奉辛比克党的军队大约有 8 万人，其中也包括安隆汶地区达莫、波尔布特、乔森潘和农谢控制下的红色高棉军队。洪森说，政党是没有军队的，柬埔寨人民党也没有军队，因为军队是国家和人民的武装力量，而不是为政党服务的。尽管如此，洪森仍然提醒道，他是首相，也是军队总司令，从普通士兵一直做到五星上将，肯定有许多效忠和支持他的人。效忠洪森的王家军情报局局长波尔沙伦将军在柬埔寨国家电视台表示，奉辛比克党武装力量策划了谋杀洪森的计划，动用武力从各个方面发动攻击。按照计划，奉辛比克党将于 1997 年 7 月 15 日发起旨在杀害洪森的大规模进攻。

流血事件发生后大约两周，部分到国外避难的奉辛比克党国会议员和内阁成员返回柬埔寨，与留在国内的奉辛比克党国会议员和内阁成员一起参加了国会和内阁会议。他们想方设法重整奉辛比克党，以便与柬埔寨人民党继续完成王国政府余下的任期。经奉辛比克党内部协商一致，奉辛比克党籍的外交与国际合作部大臣黄发取代正流亡国外的诺罗敦·拉那烈，出任第一首相。前教育部大臣黄发说，为了民族的事业，为了国家的和平统一，他愿意按照部分奉辛比克党党员的建议，取代他的上司诺罗敦·拉那烈出任第一首相。7 月 16 日，即流血事件发生几天后，这一任命被正式公布。此后，黄发与洪森继续携手共事，直至第一届王国政府任期结束。拉那烈称对黄发的任命是非法的。黄发担任第一首相后，将外交与国际合作部大臣一职移交给来自柬埔寨人民党的贺南洪。从那以后，贺南洪便出任该职一直到现在。

金边市区的流血事件引起了国内外的不满，他们纷纷批评这一制造冲突、迟滞柬埔寨国家和平发展进程，特别是再次将国家带入战争的行为 。通常来说，游戏过程中即使玩家各自使出浑身解数，但游戏结束时总会分出赢家和输家。擅长下高棉象棋、善于用兵的军队前指挥官洪森摸清了对手的套路，并根据自己的军事战略提前做好应对，粉碎了反对派打击柬埔寨人民党、谋害他性命的企图。最终，支持洪森的军队在那场“开水煮虾米一般”的战斗中取得了胜利，反对派被打得落花流水，逃到了边境地区。

奉辛比克党高级军官涅本才将军历尽艰辛，离开金边逃到了柬泰边境地区。在他写的一本名为《九死一生》的书中，涅本才叙述了他从一个村子逃到另一个村子，最后逃到柬泰边境地区的充满艰辛、恐惧和冒险的历程。针对奉辛比克党与安隆汶的红色高棉有联系的指控，奉辛比克党高级官员反问道，洪森可以与拜林和梅莱的红色高棉进行联系，为什么诺罗敦·拉那烈就不能与安隆汶的红色高棉进行联系？洪森回应说，这两件事不能相提并论，因为拜林和梅莱的红色高棉已经脱离了安隆汶的波尔布特、农谢、乔森潘、宋成和达莫集团，并向由国会四党组成的王国政府投诚，西哈努克国王也赦免了那些投诚的红色高棉领导人。而奉辛比克党却在未向王国政府内执政伙伴党通报的情况下，私自与非法的红色高棉进行联系。洪森强调，尽管拉那烈是第一首相，但洪森是第二首相和军队联合总司令，地位与拉那烈完全一样。

正当诺罗敦·拉那烈在国外揭露洪森、呼吁国际社会帮助他回国继续履行首相职责的时候，洪森出访了包括美国在内的一些国家，向他们解释了流血事件爆发的根源。

由于这次流血事件，东盟外长特别会议于1997年7月10日投票决定推迟接纳柬埔寨为东盟成员国。当时，东盟有六个成员国：新加坡、泰国、菲律宾、文莱、印度尼西亚和马来西亚。1997年，东盟原计划再接纳柬埔寨、越南、缅甸和老挝四个新成员，使东盟扩大到十个国家。但由于柬埔寨出现了政治危机，东盟推迟了柬埔寨入盟的计划。尽管柬埔寨非常希望加入东盟，但洪森提出，即使东盟拒不接纳柬埔寨，柬埔寨仍然会继续向前推进自己的工作，因为过去柬埔寨也不是东盟成员国。尽管如此，洪森领导下的王国政府外交与国际合作部仍然积极进行着外交努力，争取柬埔寨加入东盟，融入东南亚地区。

第二首相洪森（右）与取代拉那烈出任第一首相的黄发在金边机场等候迎接西哈努克国王从北京返回柬埔寨。（摄影：达恩·怀特赛德）

拉那烈遭军事法院审判

尽管那场“开水煮虾米一般”的流血冲突结束了，并且部分效忠诺罗敦·拉那烈、到国外避难的政治家也回到了国内，重新整顿奉辛比克党，但当时柬埔寨在国际舞台和东盟的处境仍然不妙。诺罗敦·西哈努克国王和莫尼列王后住在中国北京，诺罗敦·拉那烈流亡国外，其第一首相职务被部下黄发取代。当时，除了效忠拉那烈的部分武装力量仍在靠近柬泰边境的奥斯玛地区负隅顽抗外，首都金边及全国各省的局势基本平稳。当时流亡国外的拉那烈仍在竭力寻求国际社会干预，使他能够回国。他总是指责洪森发动政变罢免了他的职务，还指责黄发及其他一些奉辛比克党国会议员和高级官员是被洪森收买的叛徒。

那个时候，尽管首都金边的局势恢复了正常，但外国媒体特别是泰国的新闻媒体总是报道与柬埔寨政治危机和安全问题有关的负面消息，这也是导致外国游客暂停来柬旅游、外商暂停对柬投资的一个原因。洪森经常对这些关于柬埔寨的负面消息作出反应。他表示，共有两个柬埔寨，一个是真实的柬埔寨，在柬埔寨国内；另外一个在国外，在外国媒体的新闻版面上，因为他们对柬埔寨的报道与柬埔寨的实际情况并不相符。

1997 年也是亚洲地区陷入严重经济危机的一年，这场危机对柬埔寨经济同样产生了严重影响。外国游客数量随之减少的同时，亚洲投资者的金融状况也不容乐观。尽管洪森在对手出手之前就将其打败了，但他似乎并不怎么开心，因为反对党主席桑兰西和拉那烈出走国外后，到处宣称柬埔寨国内发生了针对反对党和拉那烈支持者的屠杀、制裁以及各种侵犯人权的行为。尽管如此，洪森和柬埔寨人民党早已习惯了国际社会的批评及对柬埔寨在政治经济领域的施压，尤其是在 20 世纪 80 年代。

尽管自己的政治对手诺罗敦·拉那烈已经流亡国外，洪森仍然展现出国家统一的立场和愿望，他也想让拉那烈回国参加计划于 1998 年举行的第二届全国大选。但洪森坚持这样一个立场，即拉那烈给国家带来了灾难，在其回国前，法庭必须先走完对其进行审判的法律程序，之后他才会建议西哈努克国王赦免拉那烈的罪行。这件事在政治和外交上处理起来都非常复杂。洪森强调，他是真心想让所有自认为是强者的竞争对手在大选中和他同台竞争。洪森指出，如果他赢得选举，就意味着他是强者中的强者，会使他更有民望，更有影响力。最后，由于在政治、外交和军事上达成了妥协，特别是接受了当时柬埔寨的最大援助国日本提出的和平计划，洪森同意拉那烈回国，但坚持拉那烈必须受到审判的立场。在数百名外交官、政府官员、人权组织代表和国内外媒体记者的见证下，军事法院在国防部对拉那烈进行了缺席审判。我也在现场进行了采访。1998 年 3 月 4 日，柬埔寨军事法院院长兼法官奈托宣读了对拉那烈的第一次判决，以非法进口武器罪判处拉那烈 5 年监禁。同年 3 月 18 日，军事法院对当时身处曼谷的拉那烈作出第二次判决，以制造国家不安全状态和勾结非法红色高棉反叛分子、企图推翻合法王国政府的罪名判处其 30 年监禁。军事法院还判处王家军副总参谋长涅本才将军、拉那烈的安全顾问塞雷格绍和国防部情报官员召索巴等三名效忠拉那烈的高级军官每人 20 年监禁。包括拉那烈的军事顾问吞桑波在内的 21 名证人出庭作证。军事法院要求拉那烈、涅本才、塞雷格绍和召索巴四人赔偿 7 月 5—6 日冲突期间及之后造成的包括公私财物被盗在内的数千万美元损失以及 1997 年 2 月 14 日涅本才等人在安隆汶与红色高棉谈判时被红色高棉分子击毁的直升机。这一判决为拉那烈返回柬埔寨开辟了通道。

正如日本和平计划预想的那样，1998 年 3 月 21 日，洪森致函诺罗敦·西哈努克国王，建议赦免拉那烈及其属下其他官员的罪行。3 月 30 日，拉那烈安全返回柬埔寨，准备参加计划于 7 月 26 日举行的大选。涅本才和塞雷格绍也同样获得了西哈努克国王的赦免，回国继续辅佐拉那烈。

2011 年 11 月底，涅本才在提到与安隆汶的红色高棉进行谈判一事时说，当时如果没有时任奉辛比克党主席诺罗敦·拉那烈的命令，他是不会去和红色高棉分子进行谈判的。

波尔布特走到生命尽头

尽管国内政治形势不佳，但洪森仍然没有忘记红色高棉反叛分子，因为这些顽固分子一直在安隆汶、柏威夏寺地区利用一切可乘之机对国家发展事业进行干扰。洪森在双赢政策中软硬兼施，以瓦解残存的少数红色高棉政治和军事组织。1998 年 3 月 31 日，王国政府开始进攻安隆汶和柏威夏寺地区，一些红色高棉武装力量向王国政府投诚，转而拿起武器向他们的前上级开战。此前的 1997 年 7 月 26 日，红色高棉电台宣布，他们逮捕了波尔布特，判处其终身监禁，并称今后再也没有波尔布特这个人。听到红色高棉这一广播后，我于当天下午大约 6 点 40 分通过电话将这一消息告诉了洪森，想得到他对这一消息的反应。洪森简短回答说，那是红色高棉集团老套的政治游戏，过去他们也曾玩过这类游戏，比如宣称波尔布特已经死亡等。放下电话，我和处长立即就洪森关于波尔布特被逮捕一事发表的讲话写了一篇新闻。该新闻随即相继被英国广播公司电台、电视台和美国有线电视新闻网转发。

由于安隆汶地处山区，而政府军位于低地，这就注定了 1998 年 3 月 31 日的战斗是一场艰苦的拉锯战。在政府军短暂占领安隆汶地区后，反叛分子又在达莫指挥下从山顶上打下来重新夺回了该地区。王国政府军队占领安隆汶地区初期，一度占领了达莫的住所，我乘坐王家军的直升机从暹粒赶到了那里。

那天上午，手枪和坦克开火的声音响彻整个森林，我听到政府军在对讲机中喊道，达莫的军队又从山顶上打下来了。一些和我一同从暹粒来的士兵飞快地朝着直升机跑去，我也跟着他们乘直升机回到了暹粒。几天后，王国政府的武装力量才完全占领安隆汶地区，我又再次乘直升机去那里采访。达莫是当时赫赫有名的红色高棉军事指挥官，夸口称自己无所畏惧，洪森经常公开提起达莫的一句话："莫的头上是帽子，帽子之上是天空。"这句话的意思是没有人比达莫更大。

1998 年 4 月 15 日激烈的拉锯战过后，有消息称，73 岁的波尔布特在距泰国边境不远的安隆汶地区家中因心肌梗塞死亡。关于波尔布特的死亡原因，至今仍没有一个确切的说法。一种说法是被人毒死的，另外一种说法是死于心肌梗塞。达莫及其同伙欲将波尔布特抓住交给美国人，这一点使波尔布特长期处于恐惧之中。经红色高棉批准为波尔布特做尸检的两三名泰国专家说，波尔布特死于心肌梗塞，尸体被其部下架在轮胎上在丛林中火化了。2001 年，安隆汶重新回到王国政府控制之下，火化波尔布特的地方被人们围起来建成了纪念馆供国内外游客参观。波尔布特死后，其夫人被他的秘书迪昆纳娶为妻子，以照顾她和她的女儿。1999 年，迪昆纳在班迭棉吉省梅莱县接受我采访时说，他从波尔布特那里接受了一份遗产和一道遗嘱，遗产是温文尔雅、平易近人的性格，遗嘱是照顾波尔布特的妻子和女儿。

第七章　1998 年第二届全国大选

金边坠机事件

1997 年 7 月 5—6 日武装冲突过后，柬埔寨的政治、外交形势特别是与西方国家尤其美国的关系变得紧张起来。洪森一边努力做好国内工作，一边加强对本地区以及欧盟和美国的外交工作，以使国际社会清楚地了解柬埔寨国内发生的事情。洪森第二首相还表示，1998 年全国大选仍将按原计划举行。

冲突前前往中国的西哈努克国王在北京住了一段时间后返回柬埔寨，与莫尼列王后一起住到了暹粒省的行宫内。西哈努克国王的回国使人民获得了安全感，大家都希望国王陛下能再次为国家带来和平，特别是能协调好洪森与拉那烈之间的关系。国王陛下在暹粒省举行了为国家祈求和平的佛教仪式，放生了小鸟和乌龟等小动物。

那个时期，首都金边也发生了一件大事。越南航空公司一架从胡志明市起飞的俄制图波列夫 134 型客机在距波成东国际机场大约 300 米的地方坠毁。机上 65 名乘客中，除一名一岁的婴儿和一名四岁的幼儿幸存外，其他乘客全部丧生。1997 年 9 月 3 日下午，金边特别是波成东国际机场上空大雨倾盆，飞行员看不清跑道，导致飞机撞到了酸角树上，坠毁在波成东机场附近的地面上。机上乘客多数是韩国人，其次是越南人和柬埔寨人。

飞机在波成东机场附近坠毁。（图片来源：http：//forum. globaltimes. cn/forum/showthread. php？p =36869）

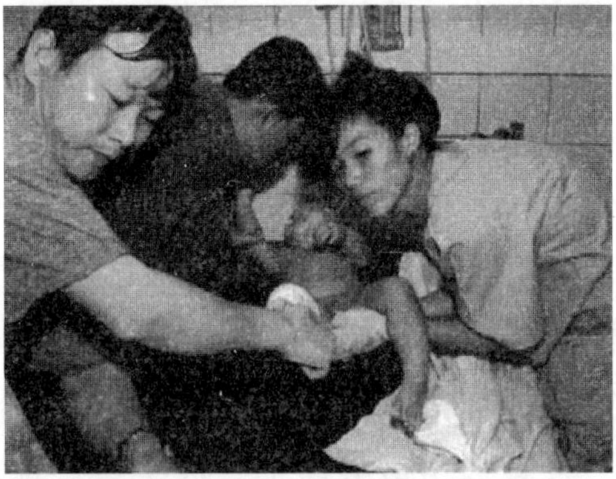

医生正在抢救此次空难中幸存的年仅一周岁的婴儿。（图片来源：http：//forum. globaltimes. cn/forum/showthread. php？p =36869）

第二届全国大选进程

1998 年第二届全国大选前，许多在 1997 年 7 月 5—6 日柬埔寨人民党和奉辛比克党冲突后离开柬埔寨的政治家都返回了柬埔寨，准备参加大选。反对党主席桑兰西也在洪森位于干丹省达克茂市南部的官邸内拜会了洪森，以缓和政治紧张局势。拉那烈也回到了国内，住在美国大使馆西侧围墙对面的一幢别墅内，因为他认为那个地方对他来说才是安全的。因七月事件四分五裂的奉辛比克党党员回国后，一部分人选择继续追随奉辛比克党主席拉那烈，另外一部分人则加入了第一首相黄发等人为角逐即将到来的大选而组建的新政党。竞选宣传阶段，柬埔寨人民党、奉辛比克党和桑兰西党三个政党表现最为抢眼，还有另外 36 个政党也报名参选。第二届全国大选是柬埔寨在国际社会的资金支持和欧盟及其他国际国内组织的监督下独立自主举行的一次选举。为推动柬埔寨民主进程，王国政府于 1997 年成立了由各大政党参与的国家选举委员会，统管议员选举和地方选举工作。桑兰西党和奉辛比克党指责国家选举委员会偏袒柬埔寨人民党，柬埔寨人民党坚决予以否认，称国家选举委员会是一个不受任何政党干涉的独立机构，而且该机构成员也包括了奉辛比克党和桑兰西党党员，还有社会民间组织的参与。

1998 年 4 月 18 日，红色高棉反叛分子偷袭了洞里萨湖沿岸的奇诺德鲁地区，杀害了 22 名越南渔民。7 月 17 日，即选举前几天，达莫指挥下的红色高棉分子在柏威夏省伏击了国家选举委员会工作人员的车队，造成两名工作人员死亡。竞选宣传期间，一些政党结成联盟以期在选举中获胜。尽管诺罗敦·拉那烈的奉辛比克党和桑兰西的桑兰西党有着共同的对手——柬埔寨人民党，但两党却并不怎么合得来。当时，一些奉辛比克党党员投奔了桑兰西党，因为桑兰西是奉辛比克党前高级官员，自从拉那烈就撤销桑兰西财经部大臣职务与洪森达成一致后，拉那烈与桑兰西的关系就越来越疏远了。尽管奉辛比克党与桑兰西党后来进行了合作并结成友好同盟，但一些政治分析家认为此事只是双方在面临共同竞争对手——柬埔寨人民党的情况下，为谋取政治利益而采取的权宜之计。许多柬埔寨人民党官员表示，柬埔寨人民党，特别是党的副主席洪森尽管未能获得所有人民的支持，但却受到绝大多数农民和知识分子的尊敬与爱戴。柬埔寨人民党官员称，柬埔寨人民党的理论是“人民党就是与人民在一起、为了人民和服务人民”的政党，而拉那烈和桑兰西则不同，这两人都拥有法国国籍，一遇到麻烦就选择躲到国外去，丢下自己的支持者在国内受苦而不管不顾。

虽然国内农村地区依然存在各个政党相互指责对方杀害和威胁本党积极分子的问题，但原定于1998年7月26日举行的第二届全国大选依旧如期举行。各政党的支持者都在各自所在选区参加了投票。拉那烈和桑兰西是各自所在政党磅湛选区国会议员提名候选人，因此我的英国籍处长就派我到磅湛采访，他本人则随着洪森前往达克茂市采访，因为洪森是柬埔寨人民党干丹省选区国会议员提名候选人。

投票当天，磅湛省的情况与金边及其他各省差不多，总体平静，安全状况良好。尽管反对党称存在恐吓和威胁的情况，但事实上人民的投票安全得到了保障。

1998 年全国大选竞选宣传阶段的洪森（左，摄影：大卫·范德）、拉那烈（右上，摄影：朱索昆提亚）和桑兰西（摄影：朱索昆提亚）。

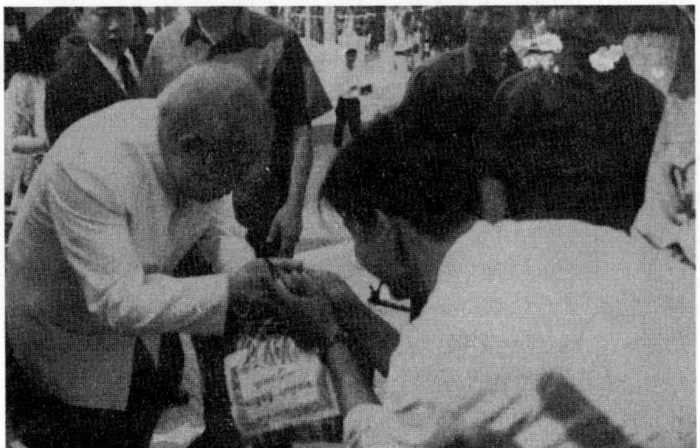

本书作者（右）在西哈努克国王位于暹粒省的行宫就柬埔寨的政治形势采访国王，图为采访前接受国王赠品。（摄影：达恩·怀特赛德）

本书作者（左）和其他记者在达克茂市南部洪森首相官邸前等待他与桑兰西会晤的结果。（摄影：达恩·怀特赛德）

反对党主席桑兰西（左）在洪森首相位于达克茂市南部的官邸内与洪森首相会晤。（摄影：达恩·怀特赛德）

拉那烈与越南再生龃龉

竞选宣传期间，在自己的国内竞争对手间展开激烈较量时，诺罗敦·拉那烈对越南特别是越南移民问题进行了无情的抨击。1998 年 6 月 3 日，诺罗敦·拉那烈在奉辛比克党总部当着数百名支持者的面公开承诺，他将下令拆除金边的柬越友谊纪念碑，他认为那座纪念碑存在的时间太久了，再存在下去是不合时宜的。[①] 这一言论使柬越友好关系出现了裂痕。洪森回应并警告说，任何企图破坏柬越友谊纪念碑的行为均是“犯罪分子”的疯狂行为，其目的是为了将残忍的红色高棉种族灭绝政权从人民的记忆中抹去。[②]这种破坏柬越友谊纪念碑的企图并非首次。第一届王国政府时期，随着柬埔寨王国政府内矛盾的加剧，柬越关系也遇到了麻烦。金边市、马德望省、西哈努克市和贡布省等一些省市均出现了破坏柬越友谊纪念碑的行为，破坏手法包括纵火焚烧和埋设自制地雷进行爆破等。更有甚者，非柬埔寨人民党盟友的武装力量就此问题表示，柬埔寨有数百万越南非法移民。不仅如此，第一届王国政府中还涌动着要求从越南夺回下柬埔寨高棉领土的运动。洪森嘲讽该运动说：“你们要去就去吧，但去之前别忘了把棺材准备好。”第二届全国大选竞选宣传阶段的政治局势与第一届王国政府任期过半时并无两样，因为诺罗敦·拉那烈和桑兰西反复提出，如果他们的政党在 1998 年大选中获胜的话，将重新审议柬越两国在 20 世纪 80 年

①② 《柬埔寨新闻》(Cambodia News)，2003 年 6 月 2—8 日。

代初签署的各项条约。诺罗敦·拉那烈和桑兰西异口同声地表示，正是那些条约导致柬埔寨丧失了部分领土和领海。无论洪森还是其他柬埔寨人民党高级官员均回应称，上述指控纯属无稽之谈，上世纪80年代初柬越两国签署的各项条约不仅没有使柬埔寨丧失一寸领土，相反还重申了柬越友好关系，划清了两国陆上和海上边界，给两国人民特别是两国边境地区的人民带来了和平与安宁。

大选结束后新政府难产

1998年8月5日，国家选举委员会公布了正式选举结果。在参选的39个政党中，柬埔寨人民党获得64个国会席位，奉辛比克党获得43席，桑兰西党获得15席。尽管奉辛比克党和桑兰西党称选举结果不公正、选举中存在舞弊行为，但这一结果仍然得到了国际观察员的承认。取代拉那烈出任第一首相的黄发领导的政党在选举中落败，未能获得国会席位。

根据上述选举结果，柬埔寨人民党无法单独组阁。因为选举法规定，只有获得三分之二以上国会席位的政党才可以单独组阁。而奉辛比克党和桑兰西党所得国会席位加在一起同样达不到三分之二多数，同样无法联合组建新政府。正是瞅准了这一机会，奉辛比克党和桑兰西党均拒绝与柬埔寨人民党联合组建新政府。

尽管无法组建新政府，柬埔寨人民党仍然比奉辛比克党和桑兰西党占优势，因为：第一，如果奉辛比克党和桑兰西党拒绝参与组建新政府的话，现任政府首相洪森仍然可以看守内阁首相的名义继续自己的任期，直至产生新政府。第二，柬埔寨人民党只需要挑选奉辛比克党和桑兰西党两党中间的一个，就可以组建新政府。但在当时，奉辛比克党和桑兰西党结成联盟，不同意与柬埔寨人民党共同组建新政府。两党围绕权力分配与柬埔寨人民党特别是洪森展开了讨价还价，遭到洪森和柬埔寨人民党的拒绝。当时曾经传出这么一条消息，称奉辛比克党可以与柬埔寨人民党共同组建由洪森任首相、诺罗敦·拉那烈任副首相的新政府，但拉那烈不愿意给洪森当副手。据当时一些奉辛比克党高级官员透露，奉辛比克党希望沿用第一届王国政府的模式，即由洪森和诺罗敦·拉那烈共同担任联合首相，但柬埔寨人民党特别是洪森不同意这种方案，因为当时一些桑兰西党官员也希望加入新政府。

这种互不妥协的局面导致政治僵局继续延续着，新政府迟迟无法组建，一直拖延了数月。奉辛比克党和桑兰西党每天都联合组织反对选举结果的示威游行，吸引了首都金边数千人参加。一些业者表示，这些示威活动影响了他们的生意、工作和其他投资，影响了一些人的日常工作。除此之外，数百名示威者在国会门前的王宫围墙下面安家，没日没夜地进行抗议，那里看上去如同一个难民营。我的办公室距离那里大约 70 米，因此我经常去采访那些人。一些示威者说，他们是乡下的穷人，是被人喊来金边领赠品的，所以别人一叫就来了，只希望能像他们承诺的那样领到赠品。那里没有干净的厕所，数百人在那里吃住了长达两星期之久，随地大小便的臭味将环境搞得污烟瘴气，严重影响了附近居民和在那里扎营的示威者的身体健康。

洪森住宅爆炸后镇压示威者

由于国内政治局势尚未缓和，在矛盾各方的坚持下，在中国北京体检的诺罗敦·西哈努克国王回到了国内，与往常一样住在位于暹粒省省会的行宫内。在西哈努克国王的呼吁下，柬埔寨人民党、奉辛比克党和桑兰西党三党代表前往暹粒省晋见国王，寻求解决问题之道。但谈判组建新政府的进程仍然十分艰难，因为奉辛比克党和桑兰西党围绕新政府内权力分配的讨价还价是柬埔寨人民党无法接受的。实际上，诺罗敦·拉那烈的奉辛比克党也想与柬埔寨人民党联合组建新政府以结束政治僵局，但考虑到自己已经与桑兰西党结盟，两党领导人已承诺在组阁问题上共进退，因此奉辛比克党犹豫不决。而柬埔寨人民党手中却握有两张牌，可选择两党之一作为组建新政府的伙伴。如果这两张牌中任何一张都得不到的话，柬埔寨人民党仍然可以将以洪森为首相的旧政府继续下去。当然，柬埔寨人民党也在尽可能向反对派作出让步，千方百计组建新政府，共同携手发展国家，结束政治冲突，吸引外资外援参与国家重建和发展事业。

1998 年 9 月 8 日上午，洪森住在暹粒市一家酒店内。在结束了晋见西哈努克国王的活动后，他突然收到了来自金边的一个消息，称一枚手榴弹扔进了他位于独立纪念碑附近的住宅内。那天上午，我刚好也在暹粒。洪森于当天乘直升机离开暹粒返回首都之前，向媒体记者作了简短吹风，称向其住宅内投掷手榴弹的人及其幕后主使是恐怖分子，并命令霍隆迪上将领导的国家警察部队立即对此案展开调查，同时不允许任何一名涉嫌此案的政党领导人离开国内。此外，洪森还向国会门前的示威者发出最后通牒，责令他们当晚 24 点前停止示威活动、拆除在国会前非法搭建的所有帐篷，否则将遭到王国政府部队的镇压。在酒店门前听完洪森的讲话后，我于当天下午乘飞机返回金边，以跟踪国会门前 24 点后形势的发展变化。9 月 8 日晚，我住在办公室里，等待部队 24 点后镇压示威者的消息。然而，直到第二天中午 12 点，一切平静如常。那天下午，我确实清楚得知了这次镇压行动的消息。内政部高级警官告诉我说，镇压示威者的部队将执行洪森的命令。9 日中午 12 点，内政部的镇压部队如先前警告的那样按原计划开始了行动。大街上满是四散而逃的人们，一些人沿着王宫前的大道奔跑。我也随着那条路上的镇压部队一同前进。在王宫大门前，一群人聚集在一起向镇压部队投掷石块和燃烧瓶，那些石块和燃烧瓶似乎是示威者提前准备好的。我站在镇压部队一边，以免被误认为是示威者。一些警察朝天开了几枪，警告示威者离开并停止向镇压部队投掷石块和燃烧瓶。两三名镇压部队官兵被石块砸伤了脚。与此同时，两三名示威者被警察抓住痛打了一顿，在作出停止闹事的保证后被释放回家。这种对峙状态一直持续到黑夜才平静下来，国会门前的帐篷全部遭到了破坏，并有武装力量在那里巡逻，不允许任何人进入。之后的日子，示威仍在继续，事态也越来越严重。柬埔寨人民党和洪森的支持者也走上街头举行示威，与奉辛比克党和桑兰西党的支持者在首都金边的道路上对峙。当时，首都多数商场和大型市场都大门紧闭，因为在熙熙攘攘的人流中，商家也不知道那些人是谁，来自哪一派，从哪里来，担心有人冲进来盗抢自己的东西。

那一时期，桑兰西党和奉辛比克党的支持者仍然在金边进行着反对选举结果的游行示威活动，希望借助英语称之为“people power”的“人民力量”要求洪森辞去首相职务。政治评论员分析说，这种要求注定无法被赢得选举、正大权在握的柬埔寨人民党特别是洪森所接受，因为在投票前和到国家选举委员会报名参选前，柬埔寨人民党就已经宣布，如果该党在大选中获胜，洪森就是该党唯一的首相候选人。因此，如果洪森这个时候辞去首相职务，就违背了柬埔寨人民党和洪森支持者的意愿。

在被反对派称为“人民力量”的示威活动中，一些僧侣也参与了进去。其中一小部分僧侣被警察视为假僧人，抓住痛打一顿后逮捕。那一时期，柬埔寨国内部分僧侣热衷于参与政治活动，参加选举，也有一些人反对僧侣参加投票，他们认为僧侣是神圣的，应该保持中立。但是反对僧侣参与政治的运动没有取得胜利，后来便消寂了下来直到现在。这次对示威者的镇压也遭到了国内外一些人权组织的批评，称警方对身为民主主义者的示威者进行了镇压。警方回应说，那些人不是民主主义者，而是极端主义者、无政府主义者以及威胁国家安全和社会秩序者。哪个国家都一样，危险通常发生于示威者与国家安全力量发生冲突之时。一些活跃分子被逮捕，在作出不再上街制造无政府状态的保证后被释放了。

由于不甘心在选举中失败，桑兰西要求国家选举委员会重新计票。1998 年 8 月 20 日，由于怀疑有人将装有选票的投票箱调了包，桑兰西带领数百名支持者前往位于内政部的国家选举委员会总部请愿。大约晚上 11 点钟，一名不明身份的人突然向内政部大门前扔出一枚炸弹，导致一名受雇于日本京都新闻社的柬埔寨籍司机被炸死，当时他正在内政部大门前等候一名进入国家选举委员会总部采访的记者。爆炸事件发生后，桑兰西指责有人企图刺杀他。当局则表示，桑兰西的指责似乎不合情理，因为如果杀手想刺杀他的话，就不会将炸弹投向内政部大门前，而会直接投向国家选举委员会总部前桑兰西所站的位置上。第二天上午，当局就宣布将对此事件展开调查，将投掷炸弹的人绳之以法。当局认为，这可能是猴子偷吃了米饭后将饭粒抹在山羊嘴上、再将山羊带去审判的把戏。虽然时光已经流淌到了 2012 年，但该案件的嫌疑人仍然逍遥法外。

参与镇压行动的警察被示威者投掷的石块砸伤。（图片来源：《柬埔寨新闻》）

参与镇压行动的警察向示威者开枪。(图片来源:《柬埔寨新闻》)

示威者点燃燃烧瓶阻挡参与镇压行动的警察部队。(图片来源:《金边邮报》)

警察抓捕示威者。（图片来源：《柬埔寨新闻》）

被参与镇压行动的警察部队宣称为假僧侣的人。（图片来源：《曼谷邮报》）

洪森躲过 B40 火箭袭击

政治僵局出现两个多月后，1998 年 9 月 25 日，柬埔寨人民党、奉辛比克党和桑兰西党三党终于同意出席国会议员宣誓就职的国会首次全体会议，奉辛比克党和桑兰西党停止抗议示威活动。9 月 22 日，我乘飞机前往暹粒省采访国会议员 23 日上午在诺罗敦·西哈努克国王面前和吴哥窟前宣誓就职的新闻。9 月 23 日上午，正当三党国会议员前往诺罗敦·西哈努克国王位于暹粒省的行宫时，突然出了大问题。9 点钟，洪森的车队从酒店前往国王行宫行驶途中，突然听到一声响彻暹粒市的炸弹爆炸声。爆炸过后，洪森的车队来到了国王行宫，洪森便下车进入行宫。当时我与另外 14 名记者正站在行宫门前，听到爆炸声后便朝着距离行宫大约 1000 米的爆炸地点跑去。在那里，警察疏散了人群，除警方和新闻记者外，不允许任何人进入现场。在现场，我看到一名 12 岁男孩倒在自家门前的血泊中，另有三名老人受伤。四枚 B40 火箭弹中的一枚在马路对面的三角梅灌木丛中被发射出来，击中了马路另一侧的民房，导致坐在房前的男孩当场死亡。警方和洪森宣称此次爆炸事件旨在谋杀洪森，因为这枚火箭弹是从距离洪森车队约一米远的地方飞过去的。三党国会议员在吴哥窟前宣誓就职后，时任新闻部国务秘书的乔坎纳烈在吴哥窟前就此问题向媒体记者作了简要通报。洪森说，他在这次事件中真是万幸，如果他的车队开得再快一点儿，那枚 B40 火箭弹一定会命中他的座车。在以国会议员身份宣誓就职后，洪森再次怀疑反对派企图谋杀他。他命令国家警察总监霍隆迪将军立即对此事展开调查，并且不允许反对党高级官员，特别是诺罗敦·拉那烈和桑兰西离开国内，要求他们先接受调查。然而不管是诺罗敦·拉那烈还是桑兰西均否认了这一指控，并谴责这一袭击事件的幕后主使。

关于此次设置并发射 B40 火箭弹之事，王家军情报部门后来发现并指控桑兰西党积极分子、63 岁的索仁为嫌疑犯，索仁当时已经逃入泰国境内。1999 年 12 月 24 日，泰国警方在曼谷将索仁抓获，并以非法入境罪判处其 6 个月监禁。6 个月后，泰国法院继续扣押索仁，表示将把他移交给柬埔寨当局，但最终并未将索仁引渡回柬埔寨。他们表示，索仁案是政治事件，而且无论索仁还是桑兰西均否认了柬方的指控。后来，索仁向联合国难民事务高级专员公署申请政治庇护，称自己一旦返回柬埔寨将会立即被投入监狱。联合国难民事务高级专员公署批准了索仁的难民申请，但他仍然被关押在泰国监狱里。索仁案令柬埔寨当局十分不满，认为国际社会在包庇罪犯，竟然称该案为政治事件。后来，以洪森首相为首的柬埔寨王国政府同意放弃引渡索仁回国受审的要求，泰国法院才于 2004 年 2 月 26 日释放了索仁，让其与妻儿团聚。2004 年 2 月 27 日，在联合国难民事务高级专员公署的帮助下，索仁流亡芬兰，以政治避难形式在那里生活至今。

值得一提的是，在 2008 年大选竞选宣传阶段，桑兰西失口告诉其支持者说，他将建议美国发射导弹摧毁洪森位于达克茂市南部的官邸。这句话引起了大家的强烈震惊，并遭到洪森的反击，称桑兰西此举无异于恐怖行为。

三党国会议员在吴哥窟前宣誓，桑兰西（右一）、拉那烈（右五）、谢辛（右六）、洪森（右七）在宣誓现场。（摄影：韩西讷）

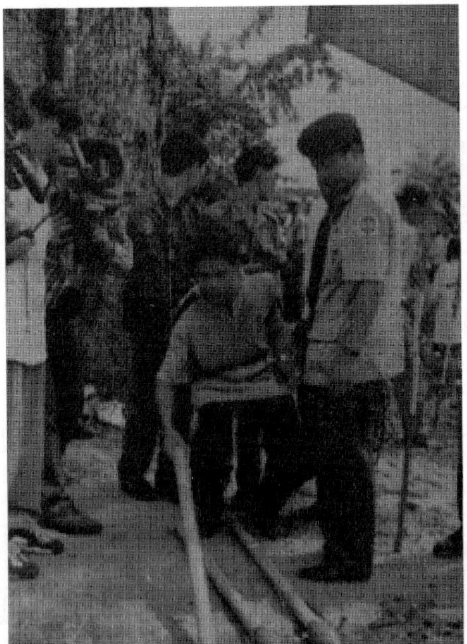

三枚被当局声称是犯罪分子用于刺杀洪森首相的B40火箭弹。（图片来源：《金边邮报》）

一名 12 岁的男孩在 B40 火箭弹袭击事件中身亡。(图片来源:《金边邮报》)

新政府成立桑兰西失望

柬埔寨国内经历了数月政治危机后，王国政府看守内阁领导人特别是洪森首相同诺罗敦·西哈努克国王共同努力寻求解决这一危机的出路，想方设法组建新一届王国政府，使柬埔寨重新实现政治稳定，因为政治稳定是国家发展的前提。1998 年 9 月 16 日，诺罗敦·拉那烈和桑兰西晋见诺罗敦·西哈努克国王，寻求解决政治僵局的途径。同年 9 月 22 日，柬埔寨人民党、奉辛比克党、桑兰西党三大政党领导人在诺罗敦·西哈努克国王主持下在暹粒省举行会晤，寻求政治僵局的解决之道。由于政治分歧依然无法解决，1998 年 10 月 5 日，诺罗敦·西哈努克国王离开暹粒省回到了离别约 7 个月的首都金边。10 月 11 日，桑兰西在首都金边建议组建由柬埔寨人民党、奉辛比克党和桑兰西党共同参与的三党联合政府。

在西哈努克国王和洪森的共同努力以及各援助国和国际社会的积极斡旋下，一个新的组阁模式被提了出来。1998 年 11 月 12 日下午，在西哈努克国王的见证下，柬埔寨人民党和奉辛比克党领导人在金边王宫举行紧急会议。会后，两党达成全面合作协议，组建了只有两党——柬埔寨人民党和奉辛比克党参与的新一届王国政府。协议规定，洪森出任新一届王国政府首相，拉那烈出任国会主席，谢辛出任新成立的参议院主席。奉辛比克党官员也在王国政府各部中获得了部分大臣、国务秘书和副国务秘书职位，军警官员也按照各自职务重新进行了整编。废除国防部联合大臣和内政部联合大臣，改为每部均只设一名大臣，国防部和内政部大臣均由柬埔寨人民党官员担任。

11 月 12 日下午的紧急会议没有邀请桑兰西党官员参加，使正在泰国曼谷的桑兰西非常失望，尤其对曾经向其承诺在入阁问题上共进退的拉那烈感到失望。从那以后，桑兰西党就成了国会和参议院内的合法反对党。拉那烈和奉辛比克党党员指出，为了解决政治僵局，为了国家的稳定，奉辛比克党必须遵从诺罗敦·西哈努克国王的谕旨与柬埔寨人民党联合组建新一届王国政府。柬埔寨人民党特别是洪森也指出，奉辛比克党是第一届联合政府中柬埔寨人民党的执政伙伴，柬埔寨人民党愿继续接受该党作为第二届王国政府中的执政伙伴。新一届王国政府成立后，洪森于 1998 年 12 月 2 日在新内阁首次会议上出台了三角战略，其中第一角是在红色高棉组织消亡后进行国内改革；第二角是推动柬埔寨尽快融入国际社会，包括恢复柬埔寨在联合国的席位；第三角是利用国内外有利条件推动经济社会发展、削减贫困，进行武装力量改革。洪森称，这三个角是关乎第二届王国政府重建与发展事业成败的关键。

1998 年 11 月 12 日下午，柬埔寨人民党和奉辛比克党的代表在西哈努克国王主持下举行紧急会议，商讨组建新一届王国政府事宜。（图片来源：《金边邮报》）

右起：洪森、拉那烈、西哈努克、谢辛，在商讨组建新一届王国政府的紧急会议结束后合影。（图片来源：《金边邮报》）

左起：洪森、谢辛、拉那烈，在庆祝新一届王国政府成立的宴会上。（摄影：韩西讷）

桑兰西未能进入联合政府后召开记者招待会。（摄影：达恩·怀特赛德）

红色高棉头子末日来临

新一届王国政府成立后，多数柬埔寨人民、各援助国和国际组织都对此表示祝贺，国家重新恢复了政治稳定。1998 年 12

月 7 日，联合国承认了新一届王国政府，并恢复了柬埔寨在联合国的席位。1999 年 4 月 30 日，东盟接纳柬埔寨为第十个成员国。王国政府面临的任务，除了重建和发展国家、削减贫困外，就是清除听命于达莫、农谢和乔森潘、盘踞在安隆汶的红色高棉顽固分子。

由于新一届王国政府在拜林、梅莱和其他地区实施了双赢政策，几百名红色高棉武装人员及数千名家属都脱离达莫，向新一届王国政府投诚。自红色高棉武装人员投诚和波尔布特 1998 年 4 月 15 日死亡之后，安隆汶的红色高棉分子开始分裂，占据柏威夏寺的红色高棉分子也脱离达莫，向王国政府投诚。1998 年 12 月 26 日，农谢和乔森潘向王国政府投诚，乘直升机前往洪森首相位于达克茂市南部的官邸与他见面。见面结束后，农谢和乔森潘以及其他一些红色高棉高级干部在金边一家酒店召开记者招待会，谈到了国家统一的问题，表示应该忘记过去发生的一切。第二天，那些前红色高棉分子便出发前往西哈努克市和吴哥窟参观。自 1979 年 1 月 7 日以来，他们从未去过上述两地。当时，我也在酒店门前追着采访他们，当乔森潘准备上车时，一位老人冲上前来叫骂着污辱他，乔森潘就飞快地钻进了车里。与 1991 年返回金边时的遭遇相比，乔森潘这次已经算很幸运了，因为那一次他返回金边时被民众打得头破血流。

农谢和乔森潘投诚后，王国政府宣布红色高棉政治组织和军队已经瓦解，其军队编入王国政府武装力量，只有独腿将军达莫逃到了泰国，以躲避政府军追捕。1999 年 1 月，联合国建议成立国际法庭，审判对种族灭绝罪行负有最大责任的红色高棉头子。同年 3 月 6 日，最后一名红色高棉头子、72 岁的达莫被抓获，并被送往金边军事监狱羁押。1999年5月10日，红色高棉政权杜斯棱监狱原监狱长、人称杜奇的康克尤被抓获，与达莫关押在一起。同年8月7日，柬埔寨军事法院指控达莫犯有种族灭绝罪。两天后的8月9日，杜奇被控以同样罪名。然而，达莫还未来得及接受审判，便于2006年7月21日病死在金边一家医院内。杜奇1999年5月10日被抓获前，化身为一名基督教徒，后来被一名英国记者认了出来并进行了报道，王国政府才得以将其抓获。被捕后，杜奇一直被羁押在军事监狱内，2007年7月30日被转移至柬埔寨审红特别法庭的特别监狱内。从那天起，杜奇就一直处于被囚禁状态。2010年7月26日，由柬埔寨王国政府和联合国共同组建的审红特别法庭以杜奇1975年至1979年间在金边犯下反人类罪为由判处其35年监禁。值得一提的是，审红特别法庭是在达莫和杜奇被抓获后，经洪森批准于1999年4月由柬埔寨与联合国共同组建的。

2011年6月27日，柬埔寨审红特别法庭初步开庭审判英萨利、英萨利夫人英蒂丽、乔森潘和农谢。对杜奇的审判称为"001号案件"，对英萨利、英蒂丽、乔森潘和农谢的审判称为"002号案件"。那场拖延了数年的对红色高棉领导人的审判困难重重，自2011年年中以来，柬埔寨王国政府与这一法庭中的外国官员之间不断出现矛盾和争吵。那些外国人想对另外一些低级别的红色高棉嫌疑人进行审判，将他们列入"003号案件"和"004号案件"，但柬埔寨王国政府表示反对，因为这将影响国家来自之不易的和平局面。此外，根据柬埔寨与联合国就审判红色高棉领导人问题达成的协议，仅同意对红色高棉高级领导人进行审判。

因为这个原因，一些外籍检察官和外国官员辞去了在审红特别法庭中的职务，指责柬埔寨王国政府高级官员干涉法庭的正常运作。2011 年 10 月 24 日，农谢的荷兰籍辩护律师派斯曼向金边初级法院递交诉讼状，控告包括洪森、谢辛、韩桑林在内的 10 名柬埔寨高官干涉法庭运作。派斯曼向媒体表示，王国政府已经严重影响审红特别法庭的运作，上述政府高官利用豁免权，漠视审红特别法庭调查法官的传召，并在没有正当理由的条件下，拒绝出庭作证。对此，同样被列入被告名单的柬埔寨王国政府副首相兼外交与国际合作部大臣贺南洪表示："派斯曼的指控实在可笑，政府没必要，也不值得对此作出回应。"鉴此，金边初级法院不再理会这起诉讼。

洪森在观看审问达莫的录像。（图片来源：《金边邮报》）

国王飞机漏油洪森震怒

2000年，王国政府第二个任期过半，国内政治局势较前有所缓和。包括西哈努克国王在内的持不同政治倾向的政治家们都居住在国内，成为国家政治稳定的象征。此外，由于红色高棉军队已经不复存在，国内实现了完全和平。

对于时年77岁的诺罗敦·西哈努克国王来说，定期到中国北京体检治疗是非常必要的。西哈努克国王是2000年3月30日从北京返回柬埔寨的，因此2000年8月1日需要再次前往北京进行例行体检，然而这次行程却因为一个突发事件被耽误了。当天上午大约9点，王国政府高级官员特别是洪森、谢辛、韩桑林、诺罗敦·拉那烈以及参议员、国会议员，也包括数百名各国驻柬外交官出现在金边国际机场，为西哈努克国王和莫尼列王后送行。在上述高级官员抵达机场前，中层官员和记者提前到了现场，惊奇地发现执行此次飞行任务的柬埔寨皇家航空公司飞机左机翼流出许多燃油，流得停机坪上到处都是。我向机场官员询问飞机漏油的事，他们回答说是由于此前飞机加油过满造成的。马来西亚籍机师说，飞机经过远距离飞行后进行加油，出现漏油现象是正常的，但这次漏油却不寻常。由于溢油越来越多，停机坪上像被水泼过一样锃亮。与此同时，列队等候为西哈努克国王送行的人也越来越多，许多官员因为害怕燃油起火引起飞机爆炸赶紧离开了停机坪。没过多久，洪森的车队到了。由于事先得到了飞机漏油的消息，洪森便走上前来查看，并质问柬埔寨皇家航空公司总经理。对于柬埔寨皇家航空公司管理层在技术方面的疏忽，洪森大发雷霆，因为这种疏忽可能威胁到国家领导人的生命安全。由于没有其他选择，洪森建议西哈努克国王和莫尼列王后先返回王宫，推迟赴北京体检的行程。那天上午，洪森严肃地对柬埔寨皇家航空公司总经理说，要么你自己引咎辞职，要么被我撤职。洪森还下令对此次漏油事件认真展开调查，担心存在反对西哈努克国王、诋毁柬埔寨王国政府的政治恐怖行为。后来，柬埔寨皇家航空公司总经理易人。2010 年 10 月，由于受美国“9·11”事件影响旅客大量减少，柬埔寨皇家航空公司不得不停飞所有航班，宣布破产关门。

洪森（右）对国王飞机漏油事件作出强烈反应。（图片来源：《金边邮报》）

流产的政变

正当新一届王国政府有序运转之际，2000 年 11 月 24 日，一个名为柬埔寨自由军的组织在首都金边突然发动了一场军事暴乱，企图推翻洪森领导的柬埔寨王国政府。该组织头目春亚塞是美籍柬埔寨人，生活在美国纽约。当晚大约23点，离金边市政府不远的火车站发生了激烈枪战。后来，柬埔寨自由军武装分子又向火车站附近的国防部和首相府发动了攻击，与政府军的战斗一直持续到第二天凌晨6点钟，双方使用了AK47突击步枪、B40火箭筒和手榴弹，导致8人死亡，十多名平民受伤。当时，洪森首相正在新加坡出席东盟与中日韩（10+3）领导人会议。那天夜里，作为一名记者，我连续给多名军警高级官员，如国防部大臣迪班上将、王家军总参谋长盖金延上将、国家警察总监霍隆迪上将及其下属官员、金边市政府官员特别是金边市市长谢索帕拉通了电话。这是一次未遂的军事暴乱，被称为“流产的政变”。该运动领导人被王国政府军抓获，并陆续在国内受到审判。2001年5月22日，金边法院以企图武装颠覆柬埔寨王国政府的罪名判处美籍柬埔寨人理查德·吉里·吉姆终身监禁，另外22人被判处13年至20年不等的监禁。此次未遂军事暴乱的幕后主使、生活在美国的春亚塞，也被柬埔寨法院缺席判处终身监禁。2005年，春亚塞被美国政府逮捕。2008年4月2日，美国法院以企图颠覆与美国具有外交关系的柬埔寨政府的罪名判处春亚塞终身监禁。时年（截至被判刑之日）53岁的美籍柬埔寨人春亚塞是20世纪80年代初开始在美国定居的。

2001 年 3 月 18 日，洪森首相率有关内阁成员沿着一号国道视察道路状况，图为洪森在行驶着的大巴车上召开内阁会议。（图片来源：2001 年 3 月 19 日出版的《柬埔寨晚报》）

美籍柬埔寨人理查德・吉里・吉姆被柬埔寨金边法院以企图武装颠覆洪森首相领导的王国政府的罪名判处终身监禁。（图片来源：2000 年 11 月 29 日出版的《柬埔寨晚报》）

第二届政府面临的挑战

第二届王国政府成立后，尽管有报告称地方政府仍存在侵犯人权的现象，司法体系仍然薄弱，仍然存在一些腐败行为，但国家在各方面还是取得了许多进展。洪森一再宣布要反对腐败行为，而桑兰西党和一些民间组织则要求对反腐败进行立法。第二届王国政府任期内有许多国内外公认做得很好的地方，特别是实现了完全和平与国家统一，使柬埔寨领土统一于唯一的王国政府管理之下，这一点是国家发展的关键所在。为了促进国内旅游业发展，洪森于 2000 年 1 月 2 日批准各国开通直飞暹粒省的航线。自那以来，许多外国飞机可以直飞暹粒，而不必先经停金边国际机场。

第二个任期内，王国政府作出了举行首届乡、分区理事会选举的决定。首届乡、分区理事会选举于 2002 年 2 月 3 日举行，选举产生了 11353 名乡、分区理事会成员。在全国 1621 个乡、分区中，柬埔寨人民党获得 1600 个乡长、分区长席位。尽管王国政府付出了许多努力，但柬埔寨仍然面临许多尚待解决的社会问题。1998 年 12 月 20 日，在新一届王国政府刚刚成立之初，西哈努克市突然爆发了一场史无前例的大规模示威活动。当天，我就前往当地进行采访。数百名民众抗议当地政府和有关官员在选举前允许台湾当局将 3000 多吨含有有毒物质的垃圾倾倒至西哈努克省郊区的做法。当地居民们非常恐惧，一些人离开西哈努克省前往金边，在四号公路上发生了交通事故，导致一些人死亡或受伤。在那次示威事件中，发生了焚烧西哈努克省省长汽车、打砸西哈努克省省长房屋的暴力事件，示威者还打砸了海关办公室和存放在那里的集装箱。接到这一消息后，洪森首相立即下令紧急将那些垃圾运走，并对有关官员作出停职调查的处理。

2000 年 8 月 14 日，柬埔寨遭遇了一场自然灾害，肆虐的洪水造成数万间房屋被毁坏，89 人死亡，而同期东南亚各国在洪水灾害中死亡的总人数为 235 人。2001 年 11 月 23 日，在一些国内外民间组织发布报告称柬埔寨从事性服务行业的女性人数在 10 万到 20 万人、卡拉 OK 厅内经常发生无政府状态的枪击事件后，洪森下令关闭所有的卡拉 OK 厅和夜总会。他表示，上述现象损害了高棉妇女的传统价值观和社会风气，造成了社会不稳定，使人们不敢在夜间出行。同样是在 2001 年，联合国也宣布，柬埔寨大约 17 万人为艾滋病病毒携带者，约占全国总人口的 2.7%。

第二届王国政府任期内明显减少的另外一种现象是游离于司法体系之外的杀人现象。第一届王国政府时期，小偷和劫匪一旦被人们当街抓住，如果有关部门未能及时介入加以干预的话，这些小偷和劫匪将被殴打至死。之所以会出现这种打死人的现象，是因为人们认为，如果那些小偷被警察抓住移送法院，反而可能逍遥法外，出来后会继续为非作歹、祸害百姓。当时，这种游离于司法体系之外的杀人现象遭到了国内外人权保护组织的无情抨击。

第八章　2003年第三届全国大选

火烧泰国驻柬埔寨使馆

第二届联合王国政府很快进入了任期之末。第三届全国大选计划于2003年7月27日举行，为了在选举中获得胜利，王国政府内的执政党与其他政党纷纷加快力量整合步伐，一些新政党也相继组建起来。22个政党向国家选举委员会报名参选。

2003年的竞选宣传与1993年和1998年时相比没有什么不同，每个政党均向对手展开攻讦，互相指责对方违反选举法，并称本党积极分子和党员遭到了恐吓。警方透露，农村地区有时发生打架斗殴事件造成人员伤亡，本来是个人冲突或强盗武装抢劫引发的，一些政党却坚称受害者是本党积极分子，并指责其他政党对本党进行威胁和政治恐吓。反对党经常指责地方政府偏袒柬埔寨人民党，但柬埔寨人民党却推翻了这些指控，称其为无稽之谈。

2003年1月29日，一件不该在选举前发生的事情使柬泰两国外交关系出现了裂痕。众多示威者打砸并焚烧了位于首都金边市中心的泰国驻柬埔寨使馆。当天傍晚，数百名示威者焚烧了泰国使馆及部分泰国人经营的酒店和公司大楼。经过评估，泰国向柬埔寨提出了约 5600 万美元的赔偿要求。事件发生前，某国报纸引述了一名不愿透露姓名的人士的话说，部分柬埔寨人通过正在柬埔寨热播的电视连续剧《落叶飘零》而使一些柬埔寨人所熟知的泰国影视女明星素瓦南表示，她是不会去柬埔寨玩的，除非柬埔寨将吴哥窟还给泰国，因为吴哥窟本来就是泰国的。这条消息被许多国家的报纸和电台相继转发，使广大柬埔寨人民义愤填膺，要求素瓦南向柬埔寨道歉。尽管如此，泰国和泰国驻柬埔寨使馆在该问题上既没有道歉，也没有作出任何反应。

2003 年 1 月 30 日上午，作为对焚烧泰国驻金边使馆的报复，泰国首都曼谷也发生了泰国人打砸柬埔寨驻曼谷使馆的事件。当时他信・西那瓦总理领导的泰国政府关闭了波贝国际边境口岸，禁止两国人民进出和开展边贸活动。作为回应，洪森首相也关闭了柬泰边境上的部分口岸，并表示关闭口岸给泰国人民带来的损失要远大于给柬埔寨人民带来的损失，因为柬埔寨从泰国进口的商品要远远多于柬埔寨出口到泰国的商品。后来，两国外交部举行了谈判，所有边境口岸重新开放，两国又恢复了良好的外交关系。

当时，柬埔寨正处于选举国会议员和新一届王国政府的竞选宣传阶段。1 月 29 日上午，桑兰西率领由数百名支持者组成的本党竞选宣传队伍沿着首都金边的街道游行宣传，一直持续到下午，游行主题从选举转为在泰国使馆门前要求素瓦南向柬埔寨道歉。

2003 年 2 月 11 日，谢索帕拉因在火烧泰国使馆问题上应对不力被解除金边市长职务，一天后在洪森首相建议下被诺罗敦·西哈努克国王任命为洪森首相部长级私人顾问。后来，谢索帕拉又被洪森首相提名为农村发展部大臣并一直担任至今。在火烧泰国使馆这件事上，有两位媒体人士，即发表未经证实的有关泰国影视女明星不当言论报道的《吴哥之光》报主编和私营的蜂巢电台台长，被以散播影响公共秩序的煽动性消息罪逮捕，同时部分参与火烧泰国使馆游行的活跃分子也被逮捕，但后来均被释放，重获自由。

2003年2月18日，诺罗敦·拉那烈的高级顾问翁拉萨迪在金边屠牛市场附近一家餐厅门外被枪杀，柬埔寨的政治形势变得越来越糟糕。奉辛比克党和拉那烈宣布，翁拉萨迪被杀一事属于政治事件。警方抓获了一名年轻杀手后发现，凶手的作案动机是为了抢一部高级手机。眼看柬埔寨政治形势像1998年第二届全国大选竞选宣传阶段之前一样越来越不妙，洪森就建议诺罗敦·西哈努克国王留在国内，给各个政党和全国人民以安全感。在洪森的请求下，西哈努克国王于2003年2月20日发表了一篇公告，表示由于柬埔寨国内政治形势日趋紧张，许多同胞请求他留在国内，因此他同意推迟前往北京进行例行体检的行程。除此之外，2003年5月1日，诺罗敦·西哈努克国王做出了一个令公众吃惊的举动，他发表公告称，自己可能将不久于人世，在去世前，他必须多写一些东西。大选前，美国国务卿科林·鲍威尔对柬埔寨进行了访问，以巩固两国外交关系，并了解柬埔寨当前的政治形势。6月18日，鲍威尔分别会见了洪森、诺罗敦·拉那烈和桑兰西。在与这位大国领导人会晤时，一些政党对会晤内容作出了不同解读，其目的就是为了谋取自身利益。

1998 年全国大选前桑兰西（中）领导的示威活动，他经常组织反对王国政府及其盟友的示威活动。（图片来源：《金边邮报》）

“犬吠人照走”战术

1 月 29 日火烧泰国使馆及泰国驻金边一些公司大楼的事件发生后，尽管柬泰两国存在一些外交问题，但柬埔寨选举进程仍然按原计划推进。选举正式结果显示，在参选的 22 个政党中，柬埔寨人民党赢得国会 123 个席位中的 73 席，奉辛比克党获得 26 席，桑兰西党获得 24 席。

与第二届全国大选一样，尽管柬埔寨人民党在大选中获胜，夺得 73 个国会席位，但仍未达到组建王国政府所需的国会三分之二席位数。与 1998 年第二届全国大选结束后一样，奉辛比克党和桑兰西党指责国家选举委员会偏袒柬埔寨人民党，称选举存在舞弊行为，选举结果不公正。获得少数选票的政党提出上述问题，这已经不是新鲜事了。奉辛比克党和桑兰西党再次结成友好同盟，拒绝与柬埔寨人民党共同组建联合王国政府。柬埔寨人民党回应说，即使两党都不同意参与组建新一届王国政府，洪森仍然可以作为看守内阁首相继续履行职责，直到新一届王国政府组建起来。2003 年 4 月初，诺罗敦·拉那烈前往朝鲜平壤晋见其父王诺罗敦·西哈努克国王。由于当时正处于政治僵局，并且败选者向胜选者提出了过多条件，洪森于 5 月 6 日在首相府告诉媒体记者说："在柬埔寨、在柬埔寨人民党和我本人身上，一切都可能发生，但我从未退缩过。大家都是了解我的，我只惧怕我的老婆。"

由于无法组建新一届王国政府，柬埔寨政治局势僵持了近一年。直到 2004 年 7 月，在当选政党举行政治谈判之后，新一届王国政府才被组建起来。新一届王国政府中的合作伙伴仍然是柬埔寨人民党和奉辛比克党，洪森继续担任首相，桑兰西党继续作为国会和参议院中的合法反对党。

第三届王国政府在任期内通过各种合法手段特别是王国政府提出的四角战略，致力于国家各领域发展，得到了国内外发展伙伴的支持，柬埔寨如扬帆之船一般乘风破浪快速前行。与此同时，柬埔寨全国实现了完全和平和政治稳定，王国政府出台了投资法，国内外投资者纷至沓来，柬埔寨迎来了吸引投资的黄金机遇期。事实告诉我们，任何事情都不可能十全十美，令每个人都满意。处于王国政府之外的反对党总是竭力寻找王国政府工作中的不足，一方面提出建设性意见，一方面在国内和国际社会上攻击分裂王国政府，批评王国政府腐败成风、滥伐森林、侵犯人权、贩卖妇女儿童、执法不公、司法腐败等等。

关于迎合人心的问题，有一个故事被人们交口传诵："父子俩牵着一头驴在路上走着。开始时，父子俩都没有骑驴，走着走着听到一些人议论道：‘这爷俩真笨，有驴不骑牵着走，真是傻透了。’后来当爹的就试着骑上了驴。但又有一些人议论道：‘这个当爹的太自私了，自己骑着驴却让儿子在地上走。’听到这番话，当爹的就让儿子骑在驴上，自己下来步行。但又有一些人议论道：‘当爹的年龄大了都不骑驴，儿子年纪轻轻的反倒骑上了，真不知道孝敬老人。’这一次，父子俩决定一起骑驴。但又听到一些人议论道：‘这爷俩连一点儿同情心都没有，看那头驴被他们折磨成什么样了。’由于这样做也不对，那样做也不对，父子俩只好抬着驴向前赶路。然而又有一些人说这爷俩疯了。”这个故事旨在说明，没有任何行为能够使每个人都满意，做事的人总会面临一些批评，个人或者组织在作决断的时候，重要的是要考虑自己的行为是否真正有益、有价值，是否能为多数人民的利益服务。一些跟踪柬埔寨政治形势的人士看到，第三届王国政府特别是洪森采取了“犬吠人照走”的战术。王国政府努力进行司法体系及各领域改革，实施分权政策，将部分权力从中央下放到地方，为人民提供及时服务。不仅如此，柬埔寨还加入了世界贸易组织，首都金边的高层建筑从那时起便如雨后春笋般被修建起来。土地价格不断上涨，为人民创造了买卖土地以解决个人生活困难的机会，贫困人口数量不断下降，国民经济和个体经济不断向前发展。洪森深谙号召和凝聚所有力量团结携手发展国家之道，正如一条理论中说的那样：“不管黑猫白猫，捉到老鼠就是好猫。”

洪森（摄影：劳拉·吴）

黄发（图片来源：《金边邮报》）

拉那烈（左）和桑兰西（摄影：朱索昆提亚）

拉那烈（左）与洪森就组建新一届王国政府事宜进行会晤，令桑兰西非常失望。（图片来源：《柬埔寨晚报》）

2001 年 3 月 20 日，拉那烈（右）在奉辛比克党成立 20 周年庆祝大会上与洪森交谈。（图片来源：《金边邮报》）

国会会议茶歇期间，洪森（左）与桑兰西非正式交谈。（图片来源：http：//khmertales. wordpress. com/2010/02/18/the – theatre – of – life – corruption/）

西哈努克退位其子登基

1995 年以来，诺罗敦·西哈努克国王多次提及退位之事。2004 年 10 月 7 日，81 岁的诺罗敦·西哈努克以日益年老、健康状况不佳为由决定退位，并授权包括洪森和诺罗敦·拉那烈在内的王位委员会选举时年 51 岁的诺罗敦·西哈莫尼登基继承王位。登基大典于 2004 年 10 月 29 日星期五举行，从那一天起，诺罗敦·西哈莫尼就成了柬埔寨王国的新国王。

值得强调的是，尽管王位委员会成员众多，但国内外舆论发现，洪森是其中最重要和最有影响力的成员。柬埔寨王国宪法第十四条对国王的选举办法作了规定：“只有年满 30 岁的安东王族、诺罗敦王族和西索瓦王族的后裔才能被选举为柬埔寨王国国王。”

后来，西哈莫尼国王赐予洪森“伟大的军事统帅亲王”封号。作为子民，洪森的才干和影响力来自他年轻时代至今的领导经历。当前，他继续在国内外多数柬埔寨人心目中拥有崇高威望。如果洪森否决新国王人选，新国王也不大可能登基，无论柬埔寨国内民众还是国际社会对此都深信不疑，他们一致认为洪森是 21 世纪柬埔寨政坛上最有影响力的领导人。

自新国王登基以来，除了反对党及其盟友经常提及的不足和消极现象，诸如社会问题、少数富豪权贵侵占弱势群体的土地问题、侵犯人权问题、腐败问题、破坏森林问题、医疗服务问题之外，国内政治形势较前相比越来越好。

第九章　2008年第四届全国大选

竞选宣传阶段柬泰对峙

王国政府官员表示，第三届王国政府的五年任期看起来过得非常快，因为王国政府因遭遇政治危机无法组建而耽误了一年。最终，选举国会议员和新一届王国政府的日期被确定在2008年7月27日。仅有12个政党到国家选举委员会报名角逐第四届全国大选，少于2003年大选（23个政党）、1998年大选（39个政党）和1993年大选（19个政党）。

就在柬埔寨筹备全国大选之际，联合国教科文组织于2008年7月7日宣布将柬埔寨的柏威夏寺列入世界遗产名录，以对这座始建于11世纪的寺庙进行更好的保护。然而此前，一伙由阿披实·维乍集瓦总理领导的泰国人却千方百计地予以阻挠。联合国教科文组织将柏威夏寺列入世界遗产名录后，包括一些泰国民众和政府高官在内的活跃分子——当然也包括阿披实·维乍集瓦本人——便作出了反应。他们举行抗议活动，叫嚣柏威夏寺是泰国的，称柬埔寨的“柏威夏寺”为“帕威寒寺”。由于不甘心看到柏威夏寺被列入世界遗产名录，一名泰国僧侣和两名泰国居士于2008年7月15日非法进入柬埔寨境内，坐在通往柏威夏寺的阶梯前打坐，声称柏威夏寺属于泰国，被柬埔寨警方逮捕并遣返回国。第二天，泰国便派兵进入柬埔寨境内位于柏威夏寺附近的胶西卡基里斯瓦拉寺。7 月 16 日，洪森也派柬埔寨王国武装力量进驻该寺。洪森领导的王国政府向全世界宣告，泰国正在入侵柬埔寨，并要求泰军立即从柬埔寨领土上撤出。

再回到柬埔寨第四届全国大选上来。柏威夏寺被列入世界遗产名录以及柬埔寨军队英勇抗击泰国的武装侵略，使洪森的知名度越来越高，赢得了绝大多数柬埔寨人的支持，为他在 7 月 27 日选举中获胜创造了绝佳机会。在这次选举中，一个新的政党——以金速卡为主席的“人权党”被组建起来。该党同桑兰西党一样喜欢抨击洪森和柬埔寨人民党，但桑兰西党官员却怀疑柬埔寨人民党在支持人权党和其他政党，以分散桑兰西党和奉辛比克党的选票。较为盛行的一种说法是，人权党是在柬埔寨人民党特别是洪森的帮助下建立起来的。三年后，洪森在谈起这件事时公开宣布的确如此。2011 年 6 月 6 日，洪森在金边王家行政学院的一次讲话中声称，人权党是 2007 年在他的帮助下组建的。该讲话被几乎所有的电台、电视台、网站和报纸疯狂转载。洪森说：“金速卡先生的政党就是在我的帮助下组建起来的。我的确帮助他组建了这个政党。当时，金速卡先生问我说，他是该继续留在非政府组织工作，还是该组建一个政党。我不可能拒绝他的……因此我就说道，同意。”① 金速卡 1993 年至 1998 年间曾是宋双领导的佛教自由民主党的国会议员和第一

① 《柬埔寨日报》，2011 年 6 月 7 日，柬文版头版。

届国会人权委员会委员。由于佛教自由民主党没能在1998年大选中继续当选，金速卡就加入了奉辛比克党，后来又成为柬埔寨人权中心主任，该中心是柬埔寨国内一个接受外国援助、从事人权工作的非政府组织。2007年3月，金速卡从该中心辞职并组建人权党，以角逐2008年大选。

由于曾经有过艰难组建新一届王国政府的经历，桑兰西党特别是桑兰西在征得洪森同意后，建议第三届国会修改宪法，将组建王国政府的门槛由国会议员的三分之二绝对多数改为50% +1过半多数。这一修改也是为了给每一个政党提供方便。如果哪个政党赢得国会中50% +1的席位数，它就可以单独组建王国政府，也可以选择在国会中拥有席位的政党联合执政。这一修改好比是在玩掷骰子的游戏，所有玩家在下注的过程中都面临着输的风险，即要么输，要么赢。但柬埔寨人民党既不恐惧，也不怯懦，因为它已经在国会中占据了优势。2003年大选中，柬埔寨人民党赢得73个国会议席，已经远远超过国会议席总数的50% +1了。柬埔寨人民党也希望通过发展国家、削减人民贫困、解决社会消极问题，在2008年大选中至少保持既有席位优势，或者在现有优势基础上有所增加。接到建议后，国会批准了宪法修正案。

2008年全国大选结果

2008年7月27日全国大选结束后，正式结果出炉：在国会123个席位中，柬埔寨人民党获得90席，桑兰西党获得26席，人权党获得3席，诺罗敦·拉那烈党获得2席，奉辛比克党获得2席。尽管桑兰西党所得国会席位由1998年大选的15个上升至2003年大选的24个和2008年大选的26个，但此次选举结果对柬埔寨人民党来说仍然是一次辉煌的胜利。

一些柬埔寨政治分析家认为，桑兰西党的席位之所以上升，缘于奉辛比克党2005年以来的不断分裂。选举前，奉辛比克党内部互不信任，出现分裂。中央和下级官员批评指责党领导无方、腐败成风、派系斗争严重。他们指责说，党的领导人完全遗忘了自20世纪80年代以来一心为党的支持者和簇拥者，反而重用那些投机钻营的官员和沽名钓誉的小人。大选前，一些党员再次要求诺罗敦·拉那烈辞去奉辛比克党主席职务。当时有消息称，与法国使馆北面围墙相邻的奉辛比克党总部在广大党员和多数高层领导人毫不知情的情况下被卖给了私人公司。

由于自2005年年中开始党的支持率持续下滑，奉辛比克党内部再次出现动荡。指导委员会委员们抱怨党主席领导无方，也有更换党主席的想法。最终，诺罗敦·拉那烈从奉辛比克党主席的位置上被赶了下来。被罢免奉辛比克党主席职务后，拉那烈索性成立了以自己名字命名的新政党——诺罗敦·拉那烈党。不愿继续追随拉那烈的奉辛比克党党员决定选举诺罗敦·拉那烈的妹夫——诺罗敦·阿伦·烈斯梅公主的丈夫高布烈斯梅担任奉辛比克党主席。这是奉辛比克党成立以来最严重的一次分裂，将奉辛比克党党员和支持者置于了迷茫和困惑之中：一些人选择继续追随拉那烈加入了诺罗敦·拉那烈党，另一些人选择留下来与高布烈斯梅领导的奉辛比克党共渡难关，还有一些人选择加入了桑兰西党、人权党和柬埔寨人民党。最后，诺罗敦·拉那烈党和奉辛比克党仅在国会内分别获得两个席位。

2006年3月初，诺罗敦·拉那烈致信洪森和谢辛，以党内事务繁重为由辞去国会主席职务。紧接着，韩桑林接任国会主席。诺罗敦·拉那烈辞职前，韩桑林是国会第一副主席。关于奉辛比克党的分裂，诺罗敦·拉那烈指责说是由于涅本才发动推翻党主席的党变造成的。他表示，自从他被罢免党主席职务后，奉辛比克党就不再是君主主义政党了。而涅本才则断然否认了这一指责。2011年6月29日上午，奉辛比克党执行主席、政府副首相涅本才在其位于金边市雷西郊区水净华分区的家中召开记者招待会表示，他并未发动推翻诺罗敦·拉那烈的党变，而是党的指导委员会多数委员修改了党章，使之“更加民主化、不再允许主席终身制继续存在”①。涅本才坚称，奉辛比克党仍然是完全意义上的君主主义政党，党的领导原则与30年前完全一致。他还说，党主席可以是普通人，不必非由王室成员担任。涅本才表示他有信心使奉辛比克党在2013年大选中得到两个以上国会席位。他证实说，因为从中国共产党那里学到了宝贵经验，奉辛比克党已经开始在全国范围内深入基层、巩固基层领导机构、加强各村基层党组织建设。2011年初，诺罗敦·拉那烈党主席诺罗敦·拉那烈有意将君主主义者，也就是2006年分道扬镳的诺罗敦·拉那烈党和奉辛比克党重新整合起来，组建一个名为“奉辛比克81党”的新政党，其中的数字81是指诺罗敦·西哈努克亲王于1981年创建了奉辛比克党。然而，这一建议遭到了奉辛比克党执行主席涅本才的拒绝，诺罗敦·拉那烈党也于2011年1月5日发表声明表达了对涅本才这一态度的

① 《新柬埔寨报》（柬文），2011年7月1日，A3版。

失望之情。

曾经与桑兰西一样反对 1 月 7 日胜利日的诺罗敦·拉那烈突然于 2011 年 1 月 5 日——也就是 1979 年 1 月 7 日战胜波尔布特种族灭绝分子胜利日 35 周年纪念日到来前两天——向洪森和柬埔寨人民党发去贺信。第二天，洪森向诺罗敦·拉那烈回信表示感谢。2011 年 6 月 28 日，在柬埔寨人民党金边总部举行的建党 60 周年纪念大会上，柬埔寨人民党主席、参议院主席谢辛郑重声明，只要柬埔寨人民党今后继续在大选中获胜，就会继续与奉辛比克党联合组建新政府。

回过头来看一下 2008 年大选的结果。正式选举结果公布后，柬埔寨人民党顺利组建了以洪森为首相的新一届王国政府，并未像以往三届大选后那样出现复杂局面。各部、各省市人事安排大多维持上届政府格局，并未对新一届王国政府带来任何麻烦。

上述情况使国内外舆论普遍认为，作为农民儿子的洪森，已经成为柬埔寨政治舞台上的杰出领导人。人们看到，他的一部分竞争对手在与他的较量中铩羽而归，被他折服，转而恭恭敬敬地为他工作。

第四届政府的热点问题

尽管第四届王国政府在国家发展事业中取得了许多成就，吸引了许多外资外援和外国游客，但仍然面临许多挑战。第四届王国政府任期之初，第三届王国政府末期出现的国际金融危机和一些国内问题仍在蔓延和发酵，但王国政府仍然继续推动和鼓励国内外投资参与柬埔寨重建和发展事业。2011年8月8日，计划部发布的一份初步调查结果显示，全国共有503008个商业网点，其中首都金边有95467个，占19%。这一数据表明，首都金边是全国最大的商业区。位居第二的是磅湛省，有55903个商业网点，占11%。位居第三的是干丹省，有40359个商业网点。商业网点最少的是白马省。这一调查始于2011年3月1日，是在日本国际援助机构的帮助下进行的。

在本届政府任期中，一些国内外人权活跃分子和环保活跃分子，也包括反对党提出了四大问题来抨击王国政府：一是腐败问题，二是司法不独立问题，三是侵犯人权问题，四是砍伐和破坏森林问题。但王国政府否认了上述指责，因为它一直努力在国际社会和援助国支持下、在民主框架内进行各领域改革。美国国际共和研究所对柬埔寨人民所做的一项民意调查结果显示，76%的受访者称柬埔寨王国政府领导有方，只有9%的受访者提到了腐败问题。这项民意调查是2010年7月和8月进行的。结果显示，82%的18岁至24岁的青年人回答说洪森政府的领导方向是正确的，72%的60岁以上老人给出了同样的答案。国际共和研究所还发现，2006年8月只有60%的人回答说王国政府正沿着正确的方向前进，而到2008年这一比例则上升至82%。关于国家领导政策，2001年8月11日，洪森在位于首都金边的国家教育学院为毕业生颁发证书时宣称，国家发展取得成功依赖两个因素：一是维护国内安全与和平，二是与邻国以及国际社会和睦相处、友好合作。

尽管本届王国政府努力加强司法体系建设，出台了《反腐败法》，成立了反腐败委员会，加快了城乡发展步伐，但反对党党员以及一些人权、环保活跃分子仍然不遗余力地抨击王国政府发展中存在的问题，这其中既有建设性的批评意见，也有攻击性的诽谤污蔑。

2008 年初以来，由于地区和世界经济陷入衰退，王国政府在大选前就遇到了一些大麻烦。大批制衣厂倒闭，数千名工人失业。这一危机一直持续到第二年。2011 年，美国和欧洲一些国家遭遇金融和债务危机，影响到了人民的家庭生活和国家的经济增长。土地和房屋等不动产价格下滑，燃油价格因中东地区发生的战争特别是产油国利比亚发生的战争和世界范围内的局势动荡而持续上涨，美元疲软，全球范围内干旱、洪涝、地震、海啸等自然灾害接连发生。

特别是，2011 年 9 月初至 10 月底，柬埔寨 17 个省份和首都金边部分地区遭遇严重洪水灾害，导致约 120 万人、30000 户家庭受灾，247 人死亡，其中 52% 为儿童；39 万公顷稻田被淹，17 个省份的 19 万公顷稻田遭到完全毁坏；大量民房被淹，多条道路和多座桥梁被冲毁，361 座寺庙、604 所学校和 75 家卫生院被毁，灾区民众无法出行，无法举行亡人节仪式，15 万名学生无法在 10 月 1 日按时上学，经济损失超过 5.2 亿美元。7 月 26 日，洪森命令财经部调拨 5500 万美元和 1700 吨大米赈灾，遇难者家庭每户获得 200 万瑞尔（500 美元）抚恤金。洪森还呼吁国内外慈善家也包括柬埔寨人民党党员和非柬埔寨人民党盟友的其他各党党员尽各自努力帮助受灾者。世界粮农组织、亚洲开发银行也向柬埔寨提供了帮助，向受灾者提供了大约 500 吨大米和约合 1100 万美元的其他人道主义援助。

洪水灾害使柬埔寨 2011 年的国内生产总值增长率由年初预

测的7%下降至6%，2012年可能小幅增长至6.5%。这次洪水灾害的严重程度超过了2009年的台风“凯萨娜”。10月1日，洪森在官邸公开发表讲话表示，此次洪水灾害可能将受灾地区人民的生活水平拉回贫困线以下，也可能影响到2011年和2012年的经济增长。这次讲话在电台和电视台同时播出。洪森提出，王国政府应该冻结部分发展项目预算，转而用于被洪水损毁的基础设施的重建。2011年10月20—22日，洪森赴中国南宁出席为期两天的第八届中国—东盟博览会暨第八届中国—东盟商务与投资峰会，中国总理温家宝于20日会见洪森时同意了洪森提出的以柬埔寨王国政府名义向中国借贷5亿美元的建议，这一借款将用于重建被洪水损毁的基础设施。此外，中国还向柬埔寨受灾地区提供了800万美元的人道主义援助，还有一些国家也向柬埔寨提供了人道主义援助。

受此次洪水灾害影响，洪森呼吁国家选举委员会推迟对受灾地区人民参加乡、分区理事会选举的资格审查和报名工作，因为如果不推迟的话，那些地区的人民将可能失去原定于2012年7月举行的第三届乡、分区理事会选举的投票权。2000年，柬埔寨也遭遇了洪水灾害，造成350多人死亡，大量基础设施被损毁，但损毁的规模不像2011年如此巨大，这也是因为2011年的基础设施特别是道路桥梁建设在2000年的基础上取得了巨大进展、数量激增的缘故。

考虑到湄公河水流湍急，可能会对龙舟赛的划船选手和观众造成危险，洪森在2011年10月13日的内阁会议上宣布取消原定于11月9—11日举行的送水节龙舟大赛。还有一个原因是，王国政府不愿在龙舟大赛上浪费过多的预算，而将这笔预算节省下来用于救灾和灾后重建。但是，首都金边庆祝送水节的各种陆地娱乐项目的准备工作仍然照常进行。虽然取消了龙舟大赛，洪森仍然指示王国政府于 2011 年 10 月 30 日在王宫前组织一场大规模群众集会，庆祝诺罗敦·西哈努克亲王和莫尼列·西哈努克王后返国 20 周年以及诺罗敦·西哈努克亲王 89 岁华诞。洪森、参议院主席谢辛、国会主席韩桑林，参议院、国会各专门委员会及王国政府各部高级官员、外交官以及包括学生、教师、群众、各部机关公务员、警察和王家军官兵在内的数万人出席了该仪式。该仪式与 2011 年 10 月 29 日的诺罗敦·西哈莫尼国王登基七周年纪念日（2004 年 10 月 29 日—2011 年 10 月 29 日）庆祝活动合并举行，继 10 月 29—31 日连续三晚举行烟花表演后，11 月 9—11 日又连续三晚举行了烟花表演。

谈到送水节，就不能不提到钻石桥踩踏事件。2010 年 11 月 22 日，也是送水节的最后一天，首都金边钻石岛娱乐中心通往洪森花园的钻石桥上发生踩踏事件，导致 353 人死亡，393 人受伤。惨剧发生后，洪森宣布全国哀悼，并为遇难者家庭发放了抚恤金，每户遇难者家庭得到了 1 万美元抚恤金。大约一年后的 2011 年 8 月 11 日，金边市政府开始在钻石桥附近修建遇难者纪念碑，以悼念钻石桥踩踏事件中的遇难者。

第十章　柬泰冲突

柬泰柏威夏寺冲突根源

1962 年 6 月 15 日，柬埔寨在海牙国际法院内就柏威夏寺主权归属问题战胜泰国。这一裁决作出之前，泰国认为柏威夏寺属于自己，并派兵占领了该寺周围地区。当年，以诺罗敦·西哈努克亲王为国家元首的柬埔寨将泰国起诉至国际法院。尽管当时泰国败诉并且不敢上诉，但仍执意认为柏威夏寺属于自己，并一直企图将其据为己有。

2008 年，阿披实·维乍集瓦总理领导的泰国政府内部出现了政治问题，转而将这些政治问题与柬泰边境问题特别是柬埔寨的柏威夏寺联系起来。洪森依靠国际法，动用军事力量与泰方展开了针锋相对的斗争，再次取得了历史性胜利。阿披实和洪森在柬埔寨、泰国和其他国家举办的东盟会议上频繁会晤。在与洪森会晤时，阿披实说的是一套，但回到泰国说的却是另外一套，导致两国外交关系持续转冷，最后两国分别召回驻对方国家大使，而且是泰国方面最先作出召回大使的决定。后来，泰国又将自己的大使派回到了柬埔寨，柬埔寨随后也向泰国派出了自己的大使。

2008年7月7日，在加拿大魁北克城举行的第32届世界遗产大会上，联合国教科文组织决定将柬埔寨的柏威夏寺列入世界遗产名录，以对这座建于11世纪的寺庙进行更好的保护。副首相兼首相府大臣索安率领的柬埔寨王国政府代表团圆满完成自己的使命，取得历史性胜利。

2008年7月15日，由于对柬埔寨柏威夏寺被列入世界遗产名录心有不甘，泰国的一名僧侣和两名居士非法进入柬埔寨领土，坐在通往柏威夏寺的台阶前打坐，声称柏威夏寺属于泰国，被柬埔寨警方逮捕遣返泰国。

2008年7月16日，泰国派兵进入柬埔寨境内柏威夏寺附近的胶西卡基里斯瓦拉寺，随后柬埔寨王国的军队也被派驻到那里，洪森及其领导的柬埔寨王国政府向世界疾呼，泰国正在入侵柬埔寨，并要求泰军立即撤出柬埔寨。尽管如此，泰国仍然拒绝撤军，并向柬埔寨境内增派排雷部队。泰国认为，柬埔寨是小国，军力比自己弱很多。一些泰国人认为柬埔寨是小国穷国，一定不敢与他们对抗。但他们这种想法真是大错特错，因为洪森领导的王国政府军队并不畏惧泰国军队。

2008年7月21日，军事形势愈发紧张，两国将领展开谈判以寻求问题的解决，但未能如愿。泰国认为，胶西卡基里斯瓦拉寺位于两国争议地区，所谓柏威夏寺附近4.6平方公里的地区属于泰国，然而柬埔寨并不承认。

从那时起，泰国军队频繁向柬埔寨境内发射炮弹，导致柏威夏寺、胶西卡基里斯瓦拉寺以及柏威夏省和奥多棉吉省地区的一些民房受损，还造成多名柬埔寨士兵和平民伤亡，老百姓纷纷逃往远离边境地区的难民营躲避。作为回应，洪森直接领导的柬埔寨军队坚强不屈，向敌人发起了反击，使敌人也遭受了人员伤亡的损失。尽管联合国安理会敦促东盟特别是作为东盟轮值主席国的印度尼西亚向冲突地区派遣观察员进行干预，但泰国不同意，表示要将柬泰边境问题留给柬泰双方自行解决。泰国认为，如果双边解决，泰国占有军事优势。后来，柬埔寨决定将泰国军队三次大规模入侵柬埔寨柏威夏寺地区以及位于奥多棉吉省境内的达莫安寺和达格罗贝寺的行为诉至国际法院，第一次发生在2008年7月15日，第二次发生在2011年2月4—7日，第三次发生在2011年4月22日至5月4日。

2011年6月26日，在法国巴黎召开的第35届世界遗产委员会会议同意将柬埔寨提出的关于修复柏威夏寺问题的议案列入会议议程。尽管遭到泰国强烈反对，世界遗产委员会仍然决定立即派专家前往勘查和修复柏威夏寺受损部分。这一决定的作出是柬埔寨王国政府代表团的又一次历史性胜利，也是洪森领导下的整个柬埔寨王国的伟大胜利。当时泰国企图阻止将《柬埔寨柏威夏寺管理计划》列入会议议程，不愿让联合国教科文组织派外国专家前往勘查和修复该寺，最终未能如愿。由于不甘失败，出席那次会议的泰国代表团中途离席而去，并宣称泰国将退出联合国教科文组织世界遗产委员会和1972年签署的《保护世界文化遗产和自然遗产公约》。

自从阿披实出任泰国总理以来，他与其领导的政府总是将自己国内政治问题与柬埔寨边境问题联系在一起。然而，他却在2011年7月3日举行的泰国大选中遭到了失败，英拉·西那瓦领导的为泰党获得了巨大胜利。

2011年7月6日上午，在百色河达克茂大桥建设开工仪式上的讲话中，洪森向泰国候任总理英拉·西那瓦发出信号，相信泰国新政府将同柬埔寨政府通过和平方式解决两国间各种纠纷，成为在东盟和大湄公河次区域框架内更好的合作伙伴。英拉·西那瓦是泰国前总理他信·西那瓦的亲妹妹。全世界都清楚地看到，他信是柬埔寨特别是洪森的友好盟友。2003 年 1 月 29 日，尽管出现了火烧泰国驻金边使馆、酒店和部分公司大楼的问题，次日还出现了打砸柬埔寨驻曼谷使馆的事情，但他信仍然寻求与柬埔寨通过外交方式妥善解决问题。在他信和洪森的共同努力下，柬泰两国政治关系和经贸关系恢复正常，并未出现军事冲突。他信被政变罢黜总理职务后，柬埔寨王国政府任命其为经济顾问。后来，他信访问柬埔寨，阿披实要求柬埔寨逮捕他信并引渡回泰国，遭到柬埔寨的拒绝。

2011 年 7 月 18 日，海牙国际法院紧急出台临时措施，要求在柏威夏寺周边地区设立不存在武装力量的非军事区。国际法院裁决柬埔寨和泰国从柏威夏寺边境地区撤军，以实现永久停火，并要求双方同意东盟观察员前往冲突地区。那时，柬埔寨王国政府代表团由副首相兼外交与国际合作部大臣贺南洪率领，并直接接受洪森的指示。柬埔寨认为，这一决定对柬方来说是一次巨大胜利，随即发表声明表示支持和祝贺。

2011 年 7 月 21 日，柬埔寨王国政府正式向泰国、印度尼西亚、海牙国际法院以及联合国安理会提交关于实施 2011 年 7 月 18 日海牙国际法院裁决的协议草案。

2011 年 7 月 22 日上午，在和平大厦召开的一次罕见的关于柬泰边境问题的记者招待会上，洪森展示出了柬埔寨尊重海牙国际法院判决的诚意。7 月 21 日，阿披实表示泰国不会允许印度尼西亚派遣观察员进入有争议的柏威夏寺周围地区，除非柬埔寨先从该地区撤军。洪森随即于次日作出了上述反应。洪森称，撤军必须双方同时进行，不能有先有后。

在两国边境冲突中，损失最惨重的一次是2011年2月4—7日，泰国士兵强行攻入柏威夏寺及其周围地区，向寺内发射了大约414枚炮弹，其中未爆炮弹多达93枚。炮弹还落入胶西卡基里斯瓦拉寺，使寺庙主体和佛像遭到损坏。2011年6月21日，在金边举行的柬埔寨纪念退伍军人日四周年纪念活动仪式上，洪森宣布，在奥多棉吉省境内边境冲突地区从2011年4月22日至5月3日长达12天的战斗中，柬埔寨军队有13人死于泰军炮火之下。洪森表示，希望柬泰不再发生冲突，双方都能够以和平方式解决边界问题，避免更多人员伤亡。他同时对泰国以偷袭手段对付柬埔寨士兵的做法表示强烈谴责，称这种做法不是打仗，而是恐怖袭击，因为泰国军队使用了带有红外线瞄准镜、可以在黑夜里看清目标的狙击枪。洪森表示："我认为，使用狙击枪的做法不是打仗，而是恐怖袭击。今后要打就光明正大地打，不要在暗地里开枪，这是很残暴的行为。"而泰国方面则宣称，自己的8名士兵和1名平民在战斗中死亡。在柏威夏寺地区的战斗中，泰国军队还使用了联合国宣布全世界禁用的集束炸弹，国际社会强烈谴责泰国这一行为并呼吁其立即停止使用集束炸弹。

柬埔寨逮捕泰国会议员

2010年12月29日，包括议员潘尼奇·维基雷和经常在柏威夏寺问题上反对柬埔寨的黄衫军骨干威拉在内的7名泰国激进分子非法闯入柬埔寨班迭棉吉省基录河县贝涓河乡胜利村，使用全球定位系统对边境地区进行测量，于当天被柬埔寨警方逮捕并押往首都金边，暂时拘押于白梳监狱。

抓捕事件发生后，泰国总理阿披实·维乍集瓦表示，如果柬埔寨不想让问题复杂化的话，就请立即无条件释放上述泰国人。2011年1月6日，金边初级法院提审那些泰国罪犯时，数百名支持泰国国王的黄衫军激进分子前往靠近7名泰国人被捕的柬埔寨边境地区举行示威活动，另外一批黄衫军则在柬埔寨驻泰国大使馆门前抗议。他们高呼口号要求柬埔寨释放那7名激进分子，仍然声称那些人被捕的地方是泰国领土，还企图闯入该地区。泰国军方担心与柬埔寨的麻烦越闹越大，设置了铁丝网阻止示威者进入该地区。洪森回应称，那7名泰国人涉嫌非法闯入柬埔寨领土进行土地测量活动。

2011年1月7日下午，一名家住班迭棉吉省的28岁柬埔寨村民被泰国边防军以非法越境为由枪杀，这种事已非首次发生。近几年来，已有多名柬埔寨人被泰国以非法越境和走私毒品为由开枪杀害。2011年1月17日下午，泰国那空叻差是玛府当局以非法越境务工和非法滞留泰国为由逮捕了5名柬埔寨公民。那5名柬埔寨公民家住班迭棉吉省基录河县贝涓河乡胜利村，于2011年1月16日越境进入那空叻差是玛府。后来，泰国有意拿这5名柬埔寨人交换被拘押在金边的7名泰国人，但柬埔寨方面回应称两起案件的性质不同。

2011年6月7日，36岁的柬埔寨男子黄金泰与一名越南籍男子和一名泰国籍男子在泰国境内活动时被四色菊府的泰国士兵逮捕。黄金泰被泰国法院诉以间谍罪和吸食毒品罪。洪森在回应黄金泰被抓一事时表示，这不合情理，因为从未有过多国公民合伙从事间谍活动的先例。当时，泰国想要得到的就是换回囚禁在金边白梳监狱的威拉及其同事。2011 年 9 月 6 日，四色菊府法院以间谍罪分别判处黄金泰及与其同行的越南人和泰国人两年监禁。

2011 年 1 月 21 日，金边初级法院以非法入境罪和非法闯入军事禁区罪判处被捕的 7 名泰国人中包括议员潘尼奇・维基雷在内的 5 人 9 个月监禁，缓期执行，这 5 个人在每人缴纳了 100 万瑞尔（大约 250 美元）罚金后于次日返回家中，而威拉及其女同事拉蒂仍被继续关押在白梳监狱。此前的 1 月 10 日，泰国爱国主义者网络致函联合国秘书长潘基文，请其出面敦促柬埔寨释放 7 名泰国人，由于该组织影响力有限，因此未得到潘基文的回应。2 月 1 日，金边法院以非法入境罪、非法闯入军事禁区罪和非法收集危害柬埔寨国家安全的秘密信息罪判处威拉 8 年监禁、罚金 180 万瑞尔，判处拉蒂 6 年监禁、罚金 120 万瑞尔。

后来，阿披实・维乍集瓦领导的民主党在 2011 年 7 月 3 日的泰国大选中失败，他信・西那瓦的亲妹妹英拉・西那瓦在选举结束后一个月取代阿披实出任泰国新总理，柬泰两国政治和军事关系开始好转。

2011 年 9 月 15 日，英拉对柬埔寨进行了为期一天的访问，与洪森举行了会晤，两国关系越来越好。2011 年 9 月 16 日，我与英拉・西那瓦总理办公室部长素拉维・空颂汶在他位于泰国曼谷总理府的办公室里见了面，他说英拉总理领导的王国政府承诺将修复泰柬关系。素拉维援引英拉的话说，为了两国人民的安全、和平和发展利益，过去发生的冲突应该通过和平方式和法律途径加以解决。两国人民看到，2011 年 9 月 24 日，泰国前总理宋猜·翁沙旺率领的泰国议员和政府官员队在金边与洪森率领的柬埔寨国会议员和王国政府官员队举行了足球友谊赛后，两国间的紧张局势进一步得到缓和，团结关系进一步加强。数千名泰国人和数万名柬埔寨人观看了这次比赛，期间还穿插了两国著名乐队和歌星的精彩表演。在赛前讲话中，作为运动员的洪森表示，这次足球赛是两国人民和军队历史性团结关系的纽带，将枪炮声转化成了乐队演奏的美妙乐曲和体育比赛的助威呐喊声，这种团结关系将把交战区变成贸易区和服务区。

值得回顾的是，2011 年 8 月 16 日，一架无人驾驶飞机在柬埔寨境内距离柏威夏寺周围非军事区大约 64 公里的柏威夏省荔枝县上空爆炸，柬埔寨收集到了包括黑匣子在内的数十片飞机残骸。柬埔寨宣布了此次坠机事件后，泰国立即否认该飞机属于自己。2011 年 8 月 18 日，洪森也表示相信这可能不是泰国的飞机，而像是恐怖主义分子为攻击包括柬埔寨、泰国、美国及其盟友而研制的实验飞机。在内政部的那次讲话中，洪森建议美国、澳大利亚和其他国家加强合作共同解决恐怖主义问题，因为尽管恐怖主义头目本·拉登已经被击毙，但（阿富汗）基地组织、（印度尼西亚）伊斯兰祈祷团和（菲律宾）阿布萨耶夫组织等国际恐怖主义组织仍然存在。

右起：洪森、他信·西那瓦、阿披实·维乍集瓦。
（图片来源：http：//singaporedailynewsblog. blogspot. com/2011/06/abhisit - blames - thaksin - ）

2010年12月29日，包括一名议员在内的7名泰国激进分子进入柬埔寨班迭棉吉省基录河县贝涓河乡胜利村。（图片来源：一名柬埔寨士兵提供给作者）

泰国议员潘尼奇·维基雷（右）、威拉（左）及其同事被柬埔寨法院以非法入境罪进行审判。（摄影：肯索万纳拉）

2011年9月15日，洪森（右）在和平大厦欢迎来访的泰国总理英拉·西那瓦。（摄影：韩西讷）

洪森（右）在球场上练球，以迎接2011年9月24日于金边举行的柬泰两国国会议员和政府官员足球友谊赛。（摄影：肯索万纳拉）

边界问题桑兰西被判刑

关于边界问题，2010年9月23日，桑兰西被金边法院以传播柬越边界不实信息罪缺席判处10年监禁，当时桑兰西正在法国流亡。这一指控遭到了桑兰西的否认。他回应说，该判决是一个政治事件。需要指出的是，当时柬埔寨王国政府正面临泰国军队对柬埔寨西北和北部边境的侵略，桑兰西率本党国会议员和积极分子前往位于柬埔寨东南部的柬越边境地区，拔除了两国临时界碑，称这些界碑设置不正确，界碑本身就位于柬埔寨境内。因为这个问题，法院对他进行起诉并准备抓捕他。由于事先得到风声，桑兰西提前逃到了法国。审判桑兰西已经不是第一次了，2005 年 2 月 3 日，柬埔寨法院以诽谤王国政府特别是洪森首相的罪名对桑兰西及另外两名国会议员进行审判。2 月 5 日，桑兰西逃往法国。在西哈莫尼国王 2006 年 2 月 5 日赦免其罪行后，他于 2 月 10 日返回国内。2011 年 4 月 25 日，金边初级法院以散布不实信息和诽谤外交与国际合作部大臣贺南洪为奔达密监狱监狱长和波尔布特前顾问及秘书的罪名，缺席判处桑兰西两年监禁，并处罚金 1600 万瑞尔（约合 3900 美元）。

桑兰西（站立打电话者）及桑兰西党国会议员和积极分子拔除了柬越边境临时界碑。（图片来源：htpp：//cambodia - post. blogspot. com/2010/01/by - heng - reaksmey - voa - khmer - original. html）

针对桑兰西党提出的希望柬埔寨也像泰国那样举行自由公正选举并实现权力和平移交的声明，2011 年 7 月 6 日上午，洪森在百色河达克茂大桥建设启动仪式上公开表示，如果反对党在2013年大选中获胜，他将把权力移交给反对党。他强调，柬埔寨各地的反对党正发生着严重的内部分裂，似乎不大可能在计划于2013年7月28日举行的大选中战胜柬埔寨人民党。他声称，到2013年他60岁，如果人民投票支持柬埔寨人民党，他将继续执政。2011年7月20—21日在金边举行的柬埔寨人民党五届三十六中全会上，与会代表表示，只要柬埔寨人民党赢得2013年全国大选，洪森仍然是首相候选人。

洪森前路树欲静风不止

在洪森的政治和权力生涯中，尽管国家实现了和平，但王国政府情报部门发现，部分人仍然建立了反政府武装。除了于2000年11月24日夜发动了旨在推翻洪森政府的军事暴乱的柬埔寨自由军外，还有其他组织。2011年10月4日，金边初级法院以组建名为“黄金半岛运动”非法武装的罪名对6名男子进行起诉，该6名男子于当年3月31日被抓获。其中一名49岁名叫谢沙澜的男子在法庭上说，自己无意反对王国政府，塔泰告诉他说，组建该组织能够从台湾方面获得2000万美元。2009年，柬埔寨军事法院以组建旨在反对和推翻洪森政府的“虎头运动”的罪名对一伙男子进行审判。那一年，他们在首都金边自制了多枚炸弹，被王国政府情报部门提前侦破。2005年，桑兰西党国会议员姜占尼也被控组建非法武装并被捕入狱，后经西哈莫尼国王赦免被释放。

2011年11月2日，在首都金边举行的第二座水净华大桥开工仪式上，洪森严厉警告把他本人与被击毙的奥马尔·穆阿迈尔·卡扎菲相提并论的人。作为利比亚最高领导人，69 岁的卡扎菲在利比亚执政了 42 年，西方国家特别是美国、北约及其盟友视卡扎菲为阿拉伯世界的独裁领导人。从 2011 年初开始，利比亚国内发生民众暴乱，并在北约支持下建立了反叛武装，结束了卡扎菲政权的统治。卡扎菲被北约战机轰炸受伤后，于 2011 年 10 月 20 日被反叛组织抓获并开枪打死，尸体被拖着游街示众。卡扎菲之子穆塔西姆也于当天被北约击毙，另一个以强硬著称的儿子赛义夫·伊斯兰于 2011 年 11 月 19 日被抓获，并被控以反人类罪。

关于卡扎菲的问题，洪森表示，卡扎菲之所以会死亡，是因为北约在背后帮助利比亚反对派发动了打击卡扎菲的战争。有人把他形容成卡扎菲，并诅咒他会有像卡扎菲一样的下场，“这是否意味着他要与我开战？如果真的要来，我随时欢迎。如果他没有武器，我送他一座军火库。这样说，并非我们支持卡扎菲，但有些人总是时不时地把你比作卡扎菲。”洪森强调，他领导的政府是人民选举出来的，一直遵守国家宪法以及民主自由的立场，并且尊重民意，只有桑兰西和一小部分人认为执政党搞独裁。洪森还强调，国家需要和平，他不想制造战争。他警告桑兰西和反对党：“要做什么，随你便，但请维护国家和平，不要在国内使用暴力手段。”

这种警告发出后，2011 年 11 月 4 日，桑兰西党代理主席贡观公开宣布，他并不否认自己将洪森比作卡扎菲的指控。尽管如此，贡观仍然表示，桑兰西党不会使用战争手段实现领导人更迭，而将通过选举来实现。20 世纪 80 年代，贡观和洪森曾经同为共产主义者并且一同共事，当时洪森是外交部长，贡观是外交部副部长。后来，贡观与桑兰西共同成立了反对自己前上司的政党。不仅如此，部分非洪森盟友的柬埔寨人和外国人仍然继续对洪森及其领导的王国政府进行批评。尽管王国政府表示自己努力吸引国内外投资、募集外国援助以发展国家，但反对派仍然不遗余力地进行抨击，利用诸如侵占土地、强制拆迁却不予以合理补偿、侵犯人权、公司不负责任地介绍柬埔寨公民特别是年轻女子出国务工、腐败、破坏森林等消极问题大做文章，但人们只是将这些批评视为自由民主多党社会的惯常游戏而已。

2011 年 11 月 14 日，在连接首都金边与贡布省的 3 号国道修复通车仪式上，洪森再次严厉警告说，如果他发现反对党高级官员继续将他比作卡扎菲的话，他将向法院起诉那些官员。他强调，卡扎菲在战斗中被人杀死，这就意味着将洪森比作卡扎菲的人想要杀死洪森。当听到有人把他比作卡扎菲这种独裁领导人时，他很心痛。但是，如果有人把他比作 2011 年 7 月初败选的泰国前总理阿披实・维乍集瓦，他就不会心痛，因为选举是按照民主方式进行的。当天，反对党主席桑兰西发表声明表示，本党 26 名国会议员将抵制国会会议，除非政府保证停止强行将民众从房屋中驱离并改革国家选举委员会组成人员。桑兰西称，反对党不愿让柬埔寨政府借过多的外债，因为这将对经济运行带来风险。桑兰西指责说，借债是柬埔寨人民党维护和巩固政权的好机会。对此，洪森表示，桑兰西党故意阻止总额约为 25 亿美元的 2012 年预算案在年底获得通过，并指责反对党蓄意破坏国家、制造政局不稳。他补充道，反对党的计划意在吸引外国向他的政府施压。

公众普遍看到，洪森欢迎和接受为帮助王国政府改进工作而提出的建设性批评意见，但不需要侮辱性和攻击性的批评。2011 年 1 月 10 日，洪森在国家教育学院颁发证书仪式上公开批评那些指责他的人为“叛国者”，称他们的言论无异于在推动“政变”。他还回忆说，2008 年有人想建议美国发射导弹摧毁他位于达克茂南部的官邸。尽管他没有说出该人的名字，但公众都记得，2008 年大选竞选宣传阶段，桑兰西失口告诉本党积极分子说，他将建议美国发射导弹摧毁洪森位于达克茂南部的官邸。

在第四届王国政府任期内，首都金边的立交桥、鳞次栉比的高楼以及跨洞里萨河和湄公河大桥不断被兴建起来，王国政府努力融入地区和国际社会，获得了与世界各国平等的地位。2011 年 10 月 30 日，在王宫前举行的庆祝国父返国 20 周年大规模群众集会上，诺罗敦・西哈努克亲王在讲话中表示，在洪森亲王领导的王国政府、谢辛亲王领导的参议院和韩桑林亲王领导的国会的共同努力下，柬埔寨实现了国家统一和完全和平。西哈努克国父当着数万人的面强调，洪森亲王领导的王国政府带领柬埔寨摆脱了落后状态，洪森亲王本人也成为世界舞台上一位有影响力的领导人。西哈努克国父还说，团结一致是柬埔寨走上“和平之路、独立之路和国家全面建设之路”的强大动力。

参考文献

1.（柬）诺罗敦·西哈努克口授，（澳）威尔佛雷德·贝却敌整理（Norodom Sihanouk，Wilfred G. Burchett）：《我同中央情报局的斗争》（My War with the CIA），英国企鹅出版集团（Penguin Books），1973年版。

2.（美）纳扬·昌达（Nayan Chanda）：《兄弟成仇：战后之战》（Brother Enemy：The War affter the War），纽约麦克米伦出版公司（Macmillan Publishing Company），1986年版。

3.（美）大卫·P·钱德勒（Darid P. Chandier）：《一号大哥》（Brother Number One），新加坡郑茂胶版印刷出版社（Chong Moh Offset Printing），1992年版。

4.（印度）哈里什·C·梅塔、朱莉·B·梅塔（Harish C. Mehta，Julie B. Mehta）：《柬埔寨强人洪森》（Hun Sen：Strongman of Cambodia），新加坡格雷汉姆·布拉斯出版公司（Graham Brash Pte Ltd），1999年版。

5.（澳）夏利奥·A·杰利斯（Julio A. Jeldres）：《吴哥的阴影》（Shadow over Angkor），金边纪念碑书店出版社（Monument Books），2005年版。

6.（美）大卫·P·钱德勒：《来自S—21的声音》（Voice

from S—21)，泰国桑蚕书社（Silkworm Books），1999 年版。

7.（柬）乔依星等：《伟大的军事统帅亲王洪森：农民家庭走出来的首相》（柬文），金边钻石之光出版社，2007 年版。

8.（柬）洪森：《柬埔寨十年 1979—1989》（柬文），柬埔寨诺宝潘出版社，1988 年版。

9.（柬）乔依星等：《洪森亲王：保护艺术、发展社会的政治观点及 115 首歌曲》，金边英沙万出版社，2005 年版。

10.（柬埔寨）柬新社（SPK/APK）

11.（柬）万纳（Vann Nath）：《一名柬埔寨人的狱中特写：红色高棉 S—21 狱中一年》（A Cambodian Prison Portrait：One Year in the Khmer Rouge's S—21），曼谷白莲书社（White Lotus），1998 年版。

12.（印度）哈利什・C・梅塔：《柬埔寨陷入沉默：六种政权之下的新闻状况》（Cambodia Silenced：The Press under Six Regimes），曼谷百莲书社，1997 年版。

13. 柬埔寨记者协会 1995 年发布的报告：《媒体和政府：解决方案的探索》（Media and Government：The Search for Solution）。

14.（柬）布杰：《1945 年至 2010 年柬埔寨历届政府》（柬文），柬埔寨高棉之光出版社，2006 年 3 月版。

15. 社论：《庆祝胜利日 32 周年：1979 年 1 月 7 日—2011 年 1 月 7 日》（柬文），载于 2011 年第一季度出版于金边的《克良米斯》杂志（Kraing Meas）

16. 柬埔寨国家选举委员会公报

17. 柬埔寨资料中心公报

18. 联合国教科文组织（UNESCO）公报《生存的意志》

(The Will to Live)

19. 柬埔寨外交与国际合作部1997年9月22日发表的报告:《武装暴动:起源、历史及其后果》(Armed Insurrection: Its Origins, History, and Aftermath)

20. 柬埔寨人民革命法院研究编辑出版局的文件

21. 内阁办公厅1986年、1988年和1990年公布的柬埔寨国的文件

22. 联合国驻柬临时权力机构(UNTAC)文件

23. 柬埔寨国家电视台图片资料

http://www.youtube.com/watch?v=HCAUkuitlr8&feature=related

24. 柬埔寨人民党资料文件:《柬埔寨人民党取得的成就:采访洪森首相》(CPP Achieve: PM Hun Sen's interview), http://www.youtube.com/watch?v=EMbgQd41TkY&feature=related

25. 大赦国际(Amnesty International)的报告 http://www.amnesty.org/en/library/asset/ASA23/001/1992/en/b319a08e-eda9-11dd-9ad7-350fb2522bdb/asa230011992en.html

26. (英国)路透社(Reuters)

27. (美国)美联社(AP)

28. (法国)法新社(AFP)

29. (日本)共同社(Kyodo News)

30. (美国)《纽约时报》(New York Times)

31. (泰国)《曼谷邮报》(Bangkok Post)

32. (英国)《星期日电讯报》(The Sunday Telegraph)

33. (美国)《国际先驱论坛报》(International Herald Tribune)

34. （英国）《金融时报》（Financial Time）

35. 《柬埔寨新闻》（Cambodia News）

36. 《柬埔寨晚报》（ Cambodge Soir）

37. 《商业新闻报》（ Business News）

38. 《柬埔寨日报》（The Cambodia Daily）

39. （柬埔寨）《金边邮报》（Phnom Penh Post）

40. 《新柬埔寨报》（柬文）

41. 《柬埔寨之光报》（柬文）

42. （柬埔寨）《和平岛报》（柬文）

43. （柬埔寨）《人民报》（柬文）

44. （美国）《远东经济评论》（Far Eastern Economic Review）

45. （美国）《新闻周刊》（Newsweek）

46. （香港）《亚洲周刊》（ASIAWEEK）

47. （美国）《时代周刊》（TIME Magzine）

48. 美国有线电视新闻网（CNN）网站

49. 英国广播公司（BBC）网站

50. 法国国际广播电台网站 http：//www. rfi. fr/actukm/articles/115/a

51. （美国）耶鲁大学网站

http：//www. yale. edu/cgp/Walrus_CambodiaBombing_OCT06. pdf

52. （柬埔寨）CEN 新闻网

http：//www. cen. com. kh

53. http：//en. wikipedia. org/wiki/K5_Plan

54. http：//en. wikipedia. org/wiki/Pen_Sovan

55. http：//www.independent.co.uk/news/british - diplomat - in - cambodia - hurt - by - landmine - 1153914.html

56. http：//www.seasite.niu.edu/khmer/ledgerwood/biographies.htm

57. http：//www.daylife.com/photo/07424oB10LgBp？__site = daylife&q = Hun + Sen

58. http：//www.johnvink.com/JohnVinkSite/Cambodia_Stories/129_Cambodia_1991/index.html#VIJ1991011W00070_03A

59. http：//lg - media.blogspot.com2009_08_25_archive.html

60. http：//www.onasia.com/system/compview.aspx？Filename = tfw0000220.67

61. http：//cnv.org.kh/personlnfo/biography_of_hun_sen.htm

62. http：//blog.andybrouwer.co.uk/2009/04/dreams - and - nightmares.html

63. http：//theangkor.net/1980 - until - present

64. 柬埔寨王国国会网站

65. 柬埔寨王国参议院网站

66. 柬埔寨王国宪法

67. 美国国际共和研究所资料

68. 柬埔寨王国计划部2011年8月8日发布的关于柬埔寨商业网点数量的初步调查结果

69. 杜斯椟大屠杀纪念馆

70. 柬埔寨国家电台

71. 自由亚洲电台柬语广播

72. 美国之音柬语广播

译者的话

铁腕柔情担道义，铮骨丹心为国家

他是农民家庭走出来的平民首相。贫寒的出身和艰辛的童年铸就了他顽强的作风、刚毅的品质和朴实真挚的爱民情怀。他青年时代身处乱世，没有上过大学，凭借超人的毅力自学完成大学学业，先后被越南河内大学和美国南加州大学授予政治学博士和荣誉博士学位。从食不果腹的寺庙儿童成长为万众瞩目的政府首脑，从名不见经传的丛林战士成长为统率三军的五星上将，他是柬埔寨年轻一代特别是贫困家庭孩子们崇拜的超级偶像。他身居（首）相位 27 年，时刻心系百姓疾苦，经常深入民间体察民情，挽起裤腿、光着脚下田帮助农民插秧，被誉为“洒落在高棉农民稻田里的雨滴”。

他是柬埔寨沧桑动荡和浴火重生的见证者。他参与了过去 40 多年来发生在柬埔寨的一切重大变革，连接着柬埔寨的过去、现在和将来。他 18 岁加入抵抗运动军队参加反对美帝国主义侵略的斗争，23 岁时在战斗中被弹片炸伤左眼落下终生残疾，27 岁当选柬埔寨人民共和国外交部长，29 岁当选柬埔寨人民共和国政府副总理兼外交部长，33 岁当选柬埔寨人民共和国政府总理。他的内心涌动着无尽的战斗激情，他的血液奔流着强烈的权力欲望。在群雄逐鹿、山河日变的大争之世，他一次次被推上政治斗争的风口浪尖，又一次次制凶焰于已燃、挽狂澜于既倒，领导柬埔寨实现了从血火战场到和平绿洲、从满目疮痍到欣欣向荣的大落大起，成为维护柬埔寨政治稳定的定海神针。他的身上折射出柬埔寨的巨大变迁和辉煌成就，更体现出个人命运与时代背景的紧密契合。

他就是现任柬埔寨人民党副主席、王国政府首相洪森。

政治强人：铁腕重拳屹立大争之世

洪森在柬埔寨人民党内和柬埔寨国家的领导地位不是与生俱来的，而是在血与火的战争中获得、在与政治对手的激烈较量中维护、在民意的考验中巩固的。他从不掩饰自己长期执政的政治抱负，公开表示只要人民一直支持柬埔寨人民党，他将继续出任首相至2023年。他笃信大争之世实力说话，公开告诫反对党要通过选举而非旁门左道同柬埔寨人民党竞争。他多次重申，如果柬埔寨人民党在大选中落败，他将立即交出权力，充分表现出政治家的坦荡与自信。因洪森施政作风强硬、对反对派毫不留情，被人冠以柬埔寨“强人”的称号。洪森坦言：“我希望像东南亚国家其他强人一样建设我们国家的经济。所以，现在称我为强人还不准确，只有当我成功地消除了贫困并实现了国家经济的繁荣与发展，才算是名副其实的强人。”

上世纪80年代以来，洪森与从政王室成员围绕柬埔寨政治主导权的争夺展开了激烈较量。在上世纪80年代谈判解决柬埔寨问题的过程中，尽管洪森在年龄、资历和国际威望等方面与西哈努克相比均相距甚远，但他凭借自己与生俱来的政治天赋和过人的胆识依然在谈判中取得与西哈努克平等的地位并赢得了主动权。柬埔寨恢复君主立宪制、实行自由民主多党制之初，王室成员从政成为洪森领导下的王国政府施政的巨大掣肘。洪森以宪法为武器，运用司法手段与那些已经参政却不按民主规则出牌的王室成员展开了针锋相对的斗争。1994 年 7 月，西哈努克的三儿子夏卡朋因涉嫌发动政变罪被判处 20 年监禁。1995 年 11 月，西哈努克的同父异母弟弟、时任政府副首相西里武因阴谋刺杀洪森首相罪、非法藏械罪、涉嫌恐怖主义罪被判处 10 年监禁。1997 年 7 月，西哈努克的长子、时任奉辛比克党主席、政府第一首相拉那烈因非法进口武器罪和制造国家不安全状态、勾结非法的红色高棉分子、企图推翻合法王国政府罪被判处 35 年监禁和 5400 万美元罚款。虽经西哈努克求情上述三人流亡国外免于牢内服刑，后又返回柬埔寨，但洪森的这一系列重拳彻底打破了王室成员在柬埔寨国民心目中神圣不可侵犯的神话，推倒了王室成员退出政坛、奉辛比克党迅速衰败的第一张多米诺骨牌。2006 年，拉那烈请辞国会主席职务，后被罢免奉辛比克党主席职务另立诺罗敦 · 拉那烈党，彻底远离权力中心。2008 年 10 月，拉那烈宣布辞去诺罗敦 · 拉那烈党主席职务并退出政坛，成为柬埔寨王室从政历史终结的标志，柬埔寨政治指挥棒完全转移并牢牢掌握在洪森手中。

随着 1995 年桑兰西党的成立特别是其通过参加 1998 年大选成为合法反对党、力量不断壮大和拉那烈影响力的不断下滑，桑兰西党主席桑兰西逐渐在柬埔寨政坛崭露头角，成为洪森重要的政治对手。桑兰西与拉那烈的经历有惊人的相似之处：两人都曾是奉辛比克党领导成员并在政府内担任要职，后来都被罢免职务开除出党；离开奉辛比克党后都成立了以自己名字命名的政党，目标都是要通过选举与柬埔寨人民党争夺政权；都与洪森有着较深的个人恩怨，多次在与洪森的较量中惨败并被判刑，后又在洪森的建议下被国王赦免；都与西方国家关系密切，喜欢借助外部力量向本国政府施压。桑兰西誓言在政府内“有洪森没有桑兰西、有桑兰西没有洪森”，借民主人权、领土主权、社会民生等问题大肆批评洪森政府，甚至将洪森与利比亚领导人卡扎菲相提并论，预言柬埔寨将成为下一个利比亚。他认为，当前在柬埔寨只有两样东西说了算，一是枪，二是钱，他想把第三样东西引入柬埔寨，那就是法律，因为只有法律才能拯救柬埔寨。洪森则批评道：“一些政治家只谈民主，但绝口不提如何解决人民的贫困现象。我认为，要谈民主与人权，首先要谈消灭人民的贫困现象这个问题。一个饿肚子的人首先是要吃饱饭，肚子饱了，他才有力气谈其他问题。”对于桑兰西一系列不按民主程序出牌，恶意攻击、影射柬埔寨人民党和洪森政府的做法，洪森毫不犹豫地拿起法律武器予以反击。2005 年 2 月，柬埔寨国会根据金边法院和军事法院的请求暂时撤销包括桑兰西本人在内的三名桑兰西党议员的豁免权，交由法院对三人涉嫌犯下的诽谤罪、非法招募军队罪进行调查。2006 年 11 月，洪森在一次讲话中公开表示，自己在桑兰西党内部安插了大量卧底，时刻掌握着桑兰西党的动向，桑兰西要想完全清除这些人，只有清党一条路可走。2010 年 9 月和 2011 年 4 月，桑兰西被金边法院分别以传播关于柬越边界的不实信息罪和诽谤副首相兼外交与国际合作部大臣贺南洪为奔达密监狱监狱长及波尔布特前顾问和秘书的罪名判处 10 年和 2 年监禁。

桑兰西被撤销国会议员豁免权，自 2009 年底离开柬埔寨流亡国外。

改革先锋：为国为民不计个人得失

洪森是一个讲究实际和善于根据形势变化进行变通的改革家，也是柬埔寨人民党内提出新思想新政策最多的领导人。他反对在柬埔寨人民党内进行关于柬埔寨应当搞资本主义还是社会主义的争论，而是主张学习中国的邓小平和新加坡的李光耀，以是否符合柬埔寨具体国情和根本利益作为评判政策好坏的标准。他从上世纪 80 年代末兴起的世界改革浪潮中敏锐地意识到柬埔寨进行经济改革和对外开放的紧迫性，大刀阔斧地进行经济改革，解散农业合作社，实行土地承包制，废除计划经济，推行自由市场经济，发展私人企业，实行对外开放，吸引国外资本。他冒着可能被扣上“修正主义”帽子、重蹈宾索万在上世纪 80 年代被越南囚禁覆辙的风险，在柬埔寨人民共和国政权还在战场上占据优势地位、柬埔寨人民革命党内部许多高级干部不同意与对手进行谈判的时候，果断提出与以西哈努克为首的抵抗力量三方举行谈判的建议，迈出了政治解决柬埔寨问题的关键一步。他顺应形势恢复柬埔寨的君主立宪制、拥戴西哈努克再次登基，为实现民族和解、开启重建和发展进程作出了重要贡献。他在国会于 1994 年 7 月通过宣布红色高棉为非法组织的法案、红色高棉遭遇空前孤立的情况下提出“双赢政策”，承诺保障投诚的红色高棉分子的人身安全、私有财产和既有职业，成功策反英萨利率部投诚，加速了红色高棉土崩瓦解的步伐。随着 1998 年 4 月波尔布特的去世和 1999 年 3 月最后一名红色高棉强硬派领导人切春被政府军抓获，红色高棉作为一个政治组织和军事组织正式退出历史舞台，柬埔寨彻底结束近30年的国内战争，进入全面和平的快速发展时期。

1998年之后，洪森领导的王国政府针对柬埔寨的具体国情，相继出台稳定局势、重建经济、融入国际社会的“三角战略”和以优化行政管理为核心，加快农业发展、加强基础设施建设、吸引更多投资和开发人才资源的“四角战略”，为柬埔寨经济插上了腾飞之翼。2000年初，洪森政府大力推行“开放天空”政策，支持和鼓励外国航空公司开辟直飞金边和暹粒的航线，极大地促进了旅游业的发展，柬埔寨外来游客年均增长率连续保持在25%—30%的水平。2008年，洪森政府又颁布了“四角战略”第二阶段计划，包括反对腐败、推行良政和公共行政改革、法律改革、司法体系改革、武装力量改革等内容。在过去的十多年间，柬埔寨年均经济增长率超过5%，加上其处于“东盟中心”的巨大区位优势以及和平稳定的政治社会环境，成为亚洲最具活力和潜力的投资目的地之一，大批外国投资者纷至沓来，昔日的“东方小巴黎”重新焕发出耀眼的光芒。

由于洪森的改革思想比较超前，一些人曾指责他为“资产阶级自由化分子”。由于他过去的革命背景，西方国家至今还认为他是个“共产主义者”。冷战时期，洪森被人指责为“越南的傀儡”。但外界非议、现成理论和传统习惯都不能成为他思想和行动的羁绊，正如洪森2004年7月在一次内阁会议上讲的那样：“柬埔寨没有其他选择，只有继续坚决和谨慎地推进各方面更广泛和深刻的改革才有出路。改革是关系到柬埔寨存亡的事业。我们的民族曾经享受过荣耀，倍受世人的尊敬和赞扬。只有团结一致进行改革，我们才有希望摆脱贫困轮回的桎梏，重建柬埔寨民族的尊严。相反，如果拒绝改革，我们将失去手中的运气和机遇，继续置身于无休止的穷困、争斗和动荡之中。”

民族脊梁：力微骨硬不为大国折腰

一个人如果没有脊梁，就永远不会站起来；一个民族如果没有脊梁，将只会在别国的欺凌与蹂躏中迷失前行的方向。吴哥时期的辉煌与荣耀催生了柬埔寨人民延续至今的民族自豪感，法国殖民统治时期柬埔寨政治上不独立、经济上遭掠夺、外交上不平等的屈辱经历，使柬埔寨人民渴望出现一位强有力的英雄人物带领国家实现政治独立、经济繁荣和外交自主。血雨腥风的战火考验和激烈残酷的政治斗争铸就了洪森特立独行、反对任何外来干涉的品格，他相信柬埔寨人完全有能力在没有任何外来干涉的条件下解决自己所有的问题。他曾指出：“大国干预柬埔寨事务，已经成为一种永远无法医治的创伤。国际上一些大国经常向柬埔寨施加压力和影响。也有一些柬埔寨人喜欢借助外国势力干涉柬埔寨内政。这是一个不治之症。现在审判红色高棉的问题，是要让柬埔寨人民满意，还是让外国势力满意？我说过，我不能为了戴你的帽子、穿你的鞋子而改变我的头和脚的尺寸，而只能是你的帽子的大小和鞋子的尺寸要适合我的头和脚。我们要坚持自主政策，让外国听我们的。”

洪森深知搞好与当今世界头号超级大国美国关系的重要性，但不赞同美国动辄喜欢控制别国的做法，认为美国是最难打交道的国家。越南战争时期，美国向柬埔寨境内投掷的约 276 万吨炸弹导致成千上万无辜柬埔寨平民的伤亡，在柬埔寨人民心中烙下了永远难以抚平的伤痛。上世纪90年代以来，美国时而借民主、人权及柬埔寨内政等问题对洪森政府说三道四、施加压力，时而又称柬埔寨是“正在升起的新星”、“东南亚民主的楷模”，外交政策的反复无常和实用主义令柬埔寨人民特别是洪森深恶痛绝。洪森说：“美国警告我们，如果柬埔寨不审判红色高棉，美国和柬埔寨就不会有良好的国家关系，美国就不给援助。美国是不是对柬埔寨的内部事务不放心？我不能同意美国的这种政策。我也没有这样做的习惯。美国人要知道，现在，在柬埔寨土地上还有很多美国人留下的弹坑，我们尽量避免算美国的旧账，揭疮疤。到现在美国还没有向柬埔寨提供任何援助。美国把自己的条件强加在柬埔寨头上，发号施令，说必须如何做才行，否则就不给援助。我们是让柬埔寨人民高兴，还是去讨好美国？这就是问题所在。我想还是不去讨好美国为好。”

进入新世纪以来，亚太新兴经济体的快速崛起，冲击着以美国为首的全球力量架构，加之美国近年来国内危机严峻，逐渐把强化亚太战略作为其国内经济复苏的关键和外交事务的重心。随着美国重返亚洲步伐的加快，作为东盟国家中一颗冉冉升起的新星的柬埔寨被纳入其视线。美国一面通过恢复对柬埔寨政府直接援助、向从柬埔寨进口的纺织品和服装提供零关税待遇、开展军事交流等手段主动加强美柬关系，一面威胁和“提醒”柬埔寨不要和中国走得太近、大肆挑拨中柬友好关系。对此，洪森有着清醒认识并保持着高度警惕，始终根据国际事务自身的是非曲直作出自己的独立判断，从而获得了最大的战略主动权。2008年初，一个名为“达尔富尔奥运梦”的美国民间组织在全球各地不断滋事，还企图在柬埔寨搞所谓的“圣火传递活动”，意在破坏即将开始的北京奥运圣火传递活动，洪森获悉后立即指示副首相兼内政部大臣韶肯坚决予以制止。洪森强调：“作为一个独立的国家，柬埔寨不能成为一个国家与另外一个国家争吵的地方，也不能把柬埔寨变成从事反对任何一个国家活动的地方。我只要安宁，只要独立和中立。这是柬埔寨外交政策的特点，不倒向任何一方。别人对我们好，我们自然也对这些国家好，别人不善待柬埔寨的时候，我们就会对它作出反应，而不是看它是个大国，还是小国。我们要的是柬埔寨的独立。”

针对美国插手南海事务、企图借力东盟国家破坏亚太地区和平稳定、遏制中国和平发展的图谋，洪森强调，落实《南海各方行为宣言》的问题只能在东盟和中国之间进行讨论，柬埔寨政府一直支持中方关于南海问题的立场，东盟各国领导人也都认为，南海问题只能在《南海各方行为宣言》框架下由中国和东盟双边解决。每次东盟峰会讨论南海问题，都是在挑起中国和东盟之间的矛盾，这是错误的。《南海各方行为宣言》是中国和东盟 10 国之间签署的，不涉及任何外部力量，因此，任何中国与东盟以外的国家和势力都不能干涉这一议题，中国和东盟对此持有相同的立场。

道德模范：孝老爱妻严格管教子女

铁腕强人的公众形象并未影响洪森在生活中扮演好儿子、好丈夫、好父亲的角色。1979 年洪森到金边工作后，便把父亲洪宁和母亲迪波接到金边，住在独立纪念碑旁边的一幢别墅内，还经常抽出时间陪母亲参加公益活动。1997年7月柬埔寨人民党与奉辛比克党在政治和军事上全面摊牌，首都金边枪炮声不断，洪森的母亲受到严重惊吓住进医院，于1998年初病逝。洪森悲伤不已，当众嚎啕大哭，并按照柬埔寨习俗为母亲守孝30天闭门不出。2012年3月初，洪森的父亲病重，洪森推迟已经计划好的各项公务活动，在家照顾父亲。事后，洪森通过电视台向全国人民道歉时表示，当时他家楼上柬埔寨医生和新加坡医生正在全力抢救父亲的生命，楼下则正在准备可能举行的葬礼。如果他当时前往外地，一旦父亲出现不测，他将抱憾终生，民众也会责怪他。因为一个连自己父亲都不关心的人，又怎么可能会关心全国民众。

每一个成功男人的背后，都有一个伟大的女人。洪森在政治斗争、国家管理、子女教育方面的巨大成功，离不开妻子文拉妮的无私奉献和伟大牺牲。相似的战斗经历和磨难，以及30多年夫妻生活的相濡以沫，使洪森和文拉妮的感情非常牢固。洪森曾为文拉妮写过一首《离别丈夫的苦难》的歌词，从妻子的角度叙述了战争年代新婚妻子被迫与丈夫分离，独自一人艰辛抚养孩子、企盼与丈夫团聚的情景。歌中写到："丈夫在棉末与我分手，你可怜的妻子伤心欲绝；饥寒交迫的妻子骨瘦如柴，艰难困苦我独自承受；你可怜的妻子缺医少药，我怀抱婴儿思念丈夫；不要再哭，妈的好孩子，母亲抱着你四处逃难；与命运抗争坚强活着，企盼灾难早日结束……"洪森用生动淳朴的语言表达了对妻子文拉妮发自心底的爱怜与疼惜。结婚36年来，无论是在战火纷飞、生离死别的战争年代，还是在顺风顺水、夫贵妻荣的和平时期，洪森和文拉妮始终同甘共苦、风雨同舟、不离不弃，成就了一段柬埔寨人口口相传的爱情佳话。

柬埔寨有这样一句俗语："丈夫是少将，妻子是中将，孩子是上将。"讥讽的就是一些高官的家属子女依仗权势为非作歹、恃强凌弱的现象。洪森对此极为愤慨，经常告诫党员干部管好自己的家人，不要做违法的事情。2007 年底，金边富家子弟夜间开着进口轿车飚车横行、被查到后威胁交警的现象一度猖獗，严重扰乱了首都金边的交通秩序、威胁到人民的生命安全。洪森一方面警告金边市长高竹德玛如不能严厉打击飚车行为就要丢官，另一方面强调如查出这些富家子弟的父母担任公职和军职一定先解除他们的职务，并誓言如果他不能解决首都富家子弟飚车恶行就引咎辞职，很快就刹住了这股歪风邪气。

洪森不仅要求柬埔寨人民党官员严格管教子女，自己更是以身作则、率先垂范。他不允许自己的子女有优越感，教育子女既要心怀梦想又要脚踏实地；不要只抬头看天，一心只想当部长、省长、县长，但也不能只顾低头走路，因为这两种人都是要摔跟头的。在洪森的严格管教下，他的三男两女五个孩子都非常出色，从来不给洪森惹麻烦，并在各自的工作岗位上都做出了一定成绩。长子洪玛内现任王家军陆军副司令兼反恐部队司令，长女洪玛娜现任巴戎电视台台长，次子洪玛讷现任王家军情报局副局长，三子洪玛尼现任柬埔寨青年联合会主席兼洪森首相秘书，次女洪玛丽从事经济工作。子女的成功是父母最大的骄傲，看到孩子们的出色表现，洪森夫妇感到由衷的高兴。

挑战犹存：窥斑见豹折射盛世危局

当前，洪森已毫无争议地成为柬埔寨政坛上最有权力、最有影响力的政治家和柬埔寨内政、外交的最高决策者，其所领导的柬埔寨人民党也处于历史上最鼎盛时期。昔日的政治对手或转变为其忠实盟友、心甘情愿地为其服务，或在与其较量中铩羽而归、从此在政坛销声匿迹，或持续遭受重创、看不到挑战其地位的希望。目前的洪森和柬埔寨人民党看起来强大无比、坚不可摧，但过去的辉煌并不必然带来前路的一帆风顺，波澜不惊的平静表面下可能潜伏的危险更值得警惕。

首先，柬埔寨国内反对派破坏柬埔寨人民党内部团结统一的活动从来没有停止过。自上世纪80年代以来，社会上关于柬埔寨人民党高层领导人之间矛盾斗争的传言一直没有停息过。每逢柬埔寨国内政治局势发生动荡时，就会有相关流言传出。1994年，有传言称柬埔寨人民党主席谢辛的力量借洪森出访国外之机，调动坦克和军队，准备在洪森返回金边时在机场逮捕他。还有传言称1998年大选前夕，洪森调动军队包围柬埔寨人民党中央会场，强迫中央推举他为该党首相候选人。2001年，有传言称洪森将从柬埔寨人民党内分裂出来，成立一个属于自己的新政党。2004年7月13日，作为代理国家元首的谢辛在没有签署新增宪法条款的情况下离开金边前往曼谷，离开前大批全幅武装的警察封锁了参议院和谢辛住所周围的道路，有人据此制造了谢辛拒绝签署新增宪法条款、被武力“护送”出国治病的谣言，并宣称20名柬埔寨人民党议员因党内发生分裂而离开了柬埔寨。2009年1月，柬埔寨王家军总司令高金然被免职（后出任负责禁毒事务的政府副首相），这一正常的人事变动被反对派宣传为柬埔寨人民党内部矛盾公开化、洪森势力得到巩固、谢辛势力被削弱的表现。尽管柬埔寨人民党在每次有流言传出时均及时出面辟谣，且上述传言后来多被证实是反对派为分裂和削弱柬埔寨人民党而散播的不实消息，但在新兴媒体日益发达的今天，能否利用好、引导好、管理好各类媒体，成为对柬埔寨人民党在新形势下的一大考验。

其次，少数官员的腐败行为在反对党的蛊惑宣传下被过度放大。洪森及其领导的柬埔寨人民党在柬政坛跋涉多年，从民主柬埔寨到金边政权再到四届联合政府，风风雨雨几十年，被柬埔寨大多数人民视为领导柬埔寨人民开展救国斗争、推翻红色高棉统治、赋予人民第二次生命的唯一政治力量，是帮助西哈努克恢复王位的保皇派。在柬埔寨长达33年相对稳固的长期执政地位也为少数官员贪污腐败打开了方便之门，弱势群体利益遭到侵害的现象时有发生，权贵非法霸占农民土地、盗伐森林等群众反映强烈的问题往往要上诉至洪森首相处才能得到妥善解决，许多社会矛盾则因反映渠道不畅被掩盖，使柬埔寨人民党面临脱离群众的危险。广大人民的支持是柬埔寨人民党能够执政的最根本原因，人民与之则安、辅之则强、非之则危、背之则亡。如果不能切实照顾人民群众的关切、有效解决党内存在的腐败问题，柬埔寨人民党就可能变成无源之水、无本之木，面临丧失执政地位的危险。

再次，西方软硬兼施加大对柬埔寨的西化分化力度。美国始终没有放弃对柬埔寨进行所谓“民主化”改造的目标。在赤裸裸的武装入侵、暗中支持柬反政府武装搞军事暴动、对柬进行经济制裁等硬的一手相继遭遇失败后，美国转而运用“软”的一手企图达到殊途同归的效果：一是于2007年恢复中断了约十年之久的对柬政府直接援助，加强与柬军事交流，企图麻痹柬埔寨人民党和洪森政府对美高度警惕防范的神经。二是加大对柬埔寨人民党内部的分化瓦解，企图在该党内部催生“民主”力量，达到从内部攻破堡垒的目的。三是利用柬埔寨实行自由民主多党制的特点，在政治和资金上大力扶植柬埔寨国内反对党通过选举取代柬埔寨人民党在柬执政。四是加强舆论宣传和思想渗透，通过大批披着“慈善”外衣的非政府组织在柬埔寨活动和“美国之音”、“自由亚洲电台”等媒体的对柬广播，向柬埔寨年轻一代渗透美式民主、人权和价值观，寄希望于柬年轻一代自我演变。上述手段较前更加隐蔽，貌似温和，其中一些甚至给人以向柬示好的假象，实则用心险恶，招招直指柬埔寨人民党执政安全之要害，醉翁之意昭然若揭。

前路可期：固本惠民助力长治久安

对于已经走过61个春秋、正在柬埔寨政坛占据绝对主导地位、执政成就显著的柬埔寨人民党来说，当前正是其进一步团结全党、带领人民沿着和平、独立和国家全面建设之路阔步前进的有利时期。对于1952年8月5日出生的洪森来说，60岁正是身体、智慧和能力的最佳搭配期，正是可以在政治舞台上大展拳脚、更有作为的黄金时期。论身体，洪森年富力强、身体健康，完全能够满足长期执政的需要。论智慧，经过40多年军事政治斗争的历练，洪森对其领导的柬埔寨人民党及其他党派的优劣势了如指掌，积累了大量行之有效的斗争经验。论才干，当今柬埔寨政坛还没有人在个人威望和治国理政才能上能与洪森一较高下，也没有人能够取代洪森在党和国家的领导地位。尽管前进道路上还存在这样那样的困难，施政过程中仍有不尽人意的问题，但这些困难和问题多是发展中难以避开的阵痛，属于“成长的烦恼”，不会从根本上危及柬埔寨人民党的执政地位和洪森的领导权威。

首先，1979 年在柬执政以来取得的九大历史功绩奠定了洪森和柬埔寨人民党的合法执政地位。一是将柬埔寨从种族灭绝政权统治下解放出来，赋予人民第二次生命，并制止了这一残酷政权的卷土重来。二是为人民争取和不断扩大了自由、荣誉、尊严以及种族灭绝政权统治下丧失殆尽的民主权利。三是在实现国家统一、签署巴黎和平协议、制定第二柬埔寨王国宪法以及实行自由民主多党制等过程中发挥了核心领导作用。四是在民族统一政策的基础上成功推进国家和平进程，实现国家完全和平、统一和领土完整。五是坚决捍卫国家各项成就，妥善解决大选后政治僵局，维护政治稳定和社会安宁，使人民安居乐业。六是重建遭受严重破坏的国民经济，使国家进入全面建设时期，未来发展的经济基础更加稳固，贫困人口逐步减少。七是卓有成效地推行各领域改革，国家社会和经济管理工作更加有效，经济持续增长，民主法制进一步巩固，人民生活水平不断提高。八是在坚决捍卫国家领土完整的前提下通过和平谈判成功解决与邻国的边界问题。九是重新树立柬埔寨的国际声望，与各国建立友好合作关系，获得大量发展援助。上述历史功绩是柬埔寨国内其他任何政党都无法企及的，成为柬埔寨人民党在柬长期执政的合法性来源。

其次，各项改革的推进不断增强了柬埔寨人民党的自我净化自我完善自我革新自我提高能力。多党制条件下五年一届的全国大选及反对党对政权的虎视眈眈使柬埔寨人民党一直保持着强烈的危机感和忧患意识。该党一方面大力扩充党员队伍，加强党内团结统一，如今已拥有580万名党员，约占全国总人口的40%。在多党制条件下其他党派不断发生分化组合、一些老党经历大浪淘沙逐步衰败甚至退出历史舞台的情况下，柬埔寨人民党始终在保持团结统一的基础上不断发展壮大，在柬埔寨执政33年稳如磐石。另一方面，认真纠正党在思想、组织、作风等方面存在的问题，与国家反腐败机构合作开展党内反腐败工作，清除党内一些民愤极大的腐败分子，重点解决权贵强占土地等与农民利益息息相关的问题，得到了人民的理解和支持。美国国际共和学会2010年7月和8月对柬埔寨人民所做的一次民意调查结果显示，76%的受访者认为柬埔寨人民党领导下的洪森政府领导有方。

再次，经济发展成果惠及百姓成为社会“稳定器”。在与其他政党竞争的过程中，柬埔寨人民党深知执政党搞不好经济必然要下台，搞好了经济但社会公平问题处理不好，也照样保不住政权。因此，在发展经济的同时，该党特别注重改善人民生活，缩小贫富差距，强调广大人民平等分享经济社会发展成果。经过十多年的重建与发展，柬埔寨政治稳定，经济快速发展，人民生活显著改善。1993年，柬埔寨国内生产总值仅为30.93亿美元，人均国内生产总值为286美元，贫困人口几乎占全国总人口的一半。2012年，柬埔寨国内生产总值增至140.38亿美元，人均国内生产总值增至987美元，贫困率下降至19%。柬埔寨已经成为世界上保持十年增长率最高的15个国家之一、实现千年发展目标排名第五的国家以及亚太地区社会发展指数排名第一的国家。经济的快速发展带来了人民的安居乐业，人民求安求稳求和的心情更加迫切，对政府施政过程中仍然存在的不足更加包容。另一方面，随着柬埔寨经济社会各领域取得日新月异的发展成就，过去能够解决的麻烦，现在可以解决得更好；过去无力解决或者无暇解决的挑战，现在日渐具备了解决的实力。这些都为洪森和柬埔寨人民党政权的长治久安提供了有利条件。

2012 年 1 月 5 日，《柬埔寨新闻》总编辑蔡速卜先生所著的《首相洪森——柬埔寨政治与权力 40 年》一书在柬埔寨市场上热销，受到广大读者的追捧和洪森首相的好评，并被洪森首相收藏于自己的家庭图书馆内。该书概述了 1970 年至 2012 年初柬埔寨历史上各个时期，即高棉共和国时期（1970—1975 年）、红色高棉的民主柬埔寨时期（1975—1979 年）、柬埔寨人民共和国和柬埔寨国时期（1979—1991 年）、联合国监督下的过渡时期（1991—1993 年）和第二柬埔寨王国时期（1993—2012 年）柬埔寨政治社会发展进程和发生在柬埔寨的重大社会历史事件，向读者展现了洪森及柬埔寨其他高级国家领导人过去 40 多年以来的人生历程及政治与权力之路，能够帮助读者更好地去品味洪森这位杰出政治家的传奇人生和心路历程，具有较高的认识价值与学术价值。

为向广大国内读者介绍洪森这样一位中国家喻户晓的传奇政治家，经与蔡速卜先生沟通，他授权当代世界出版社在中国大陆独家出版这部著作的中文版。柬埔寨首相洪森亲王在百忙之中抽出宝贵时间为本书中文版作序，中共中央对外联络部二局的领导和同志们以及当代世界出版社的领导和编辑为本书中文版的策划、编辑和出版付出了大量心血，中共中央文献研究室的董振瑞同志和我的同事于丹娜也对本书的翻译工作提出了宝贵意见，在此一并表示感谢。

为使读者更加准确全面地了解作者意图，我在忠于原文的基础上，对书中个别标题和部分内容作了微调和补充。需要特别声明的是，作者是站在一名柬埔寨公民和新闻记者的立场上来撰写此书的，其对上世纪 70 年代初以来柬埔寨历史发展进程、重大社会历史事件以及柬埔寨与外国关系所持的态度和观点，并不代表译者或出版社的观点。翻译出版这部著作，只是想为广大读者认识了解柬埔寨和洪森首相提供一个案例和蓝本，为我国学术界对柬埔寨研究提供一些最新资料。由于译者水平有限，译文难免有不妥之处，恳请广大读者批评指正。

译者　武传兵

2013 年 4 月于北京

作者致谢

借此机会，我要衷心感谢柬埔寨王国首相洪森亲王对本书提出的宝贵意见。

我也要深深感谢新闻部大臣乔坎纳烈先生、柬埔寨资料中心主任昌汝先生、美国能力建设专业性非营利组织 PACT 柬埔寨代表处新闻部项目主管塞波里索先生、柬埔寨记者俱乐部工作联络官翟孙先生和恩斯里陶女士对本书资料收集、文字校对方面提供的帮助。同时，感谢庞索拉先生为本书设计了封面和封底，肯索万纳拉先生为本书提供了照片。我不会忘记书后参考文献中所列本书引用文字资料和图片资料的报纸、杂志、简报、书籍、通讯社、电台、电视台和网站对本书所作的贡献。

此外，非常感谢为本书的出版作出贡献的热心人士，他们还订购了本书送给自己的下属和同事们参考。我将把本书销售所得部分资金用于帮助孤儿、易受侵害的儿童和其他弱势群体，为柬埔寨王国政府的扶贫减贫事业略尽绵薄之力。愿各位热心人士的善心广结善果，为各位及家人赢得尊敬与爱戴，时时处处取得事业成功。上述热心人士包括：

——新闻部大臣乔坎纳烈阁下

——金边市市长高竹德玛阁下

——柬埔寨 AZ 公司董事长林罗勋爵

——税务总局局长森英阁下

此外，还有一些热心人士——一些是我的朋友，一些是我的熟人，另外一些是素昧平生的陌生人——也为本书的出版提供了力所能及的帮助，并订购了本书送给自己的同事及下属。

作者　蔡速卜